U0916888

目击道存

知恬斋读书札记

涂波　著

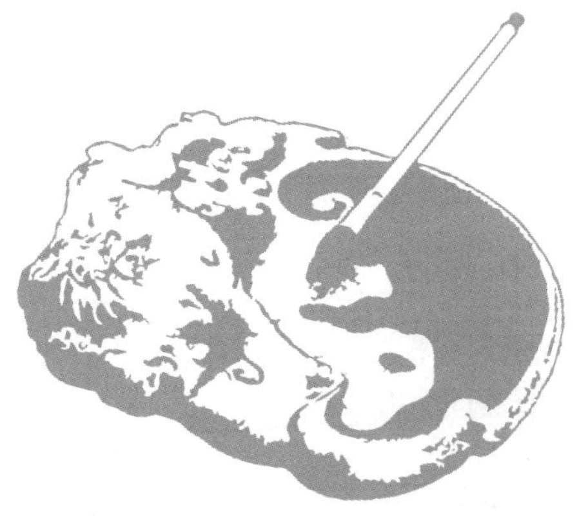

中国大百科全书出版社

图书在版编目（CIP）数据

目击道存：知恬斋读书札记 / 涂波著. -- 北京：中国大百科全书出版社，2020.6

ISBN 978-7-5202-0767-6

Ⅰ. ①目… Ⅱ. ①涂… Ⅲ. ①读书笔记—中国—现代 Ⅳ. ① G792

中国版本图书馆 CIP 数据核字（2020）第 095776 号

出 版 人 刘国辉
策 划 人 曾 辉
责任编辑 胡春玲
封面设计 乔智炜
责任印制 常晓迪
出版发行 中国大百科全书出版社
社　　址 北京阜成门北大街 17 号
邮政编码 100037
电　　话 010-88390969
网　　址 www.ecph.com.cn
印　　刷 北京君升印刷有限公司
规　　格 710 毫米 ×1000 毫米 1/16
印　　张 16
字　　数 157 千字
印　　次 2020 年 6 月第 1 版 2020 年 6 月第 1 次印刷
书　　号 ISBN 978-7-5202-0767-6
定　　价 58.00 元

目录

读——《老子》 061

读——《史记》 181

读

《论语》

“三十而立”之“立”是指“学有所成”

《论语》中有一段话非常有名：

> 子曰：“吾十有五而志于学，三十而立，四十而不惑，五十而知天命，六十而耳顺，七十而从心所欲不逾矩。”（《论语·为政》）

这段话是夫子晚年的自我回顾。每每读到这段话，我总会感动，并领悟到孔子之所以被称为圣人的最重要原因：他追求的是人格而不是事业，他对完美人格的追求至老不衰。试想我们每一个人，孩提时都有梦想，都有追求，追求人生更美更充实。但梦想慢慢会褪色，追求不久会止步。一般来说，二十岁之前进步是最快的，二十岁到三十岁很多人也还会有发展和突破。四十岁之后还有长足进步的人就少之又少了。现在大学校园里面，好多年轻人终日里闲逛、网聊、游戏甚至玩偷菜这种无聊东西，二十岁就如此空虚无聊。难道他们没有了追求，不准备有任何进步了吗？如果这样的话，他们的人生太可悲了。二十岁都不进步，难道三十岁、四十岁会发生令人期待的奇迹吗？不会的，二十岁不努力，等待你的只能是更深的空虚甚至屈辱。孔子常告诫弟子："年四十而见恶焉，其终也已。"（《论语·阳货》）一个人不重视修养，到了四十岁还是一个被人厌弃的人，那他的人生也就完结了。

孔子"十有五而志于学"。是说十五岁有志于学术。孔子三岁丧父，十七岁丧母，家境贫寒。十五岁之后，才有条件系统地追求学问。孔子回忆自己少年时期的经历说"吾少也贱，故多能鄙事"（《论语·子罕》）。他曾经为人放牧过牛羊，也为富人管理过账簿，靠着这种半工半读的生活，最后竟成了中国最博学的大学者和思想家，这中间有多少屈折辛酸的经历，后人哪里尽数知悉呢？

"三十而立"是什么意思？杨伯峻《论语译注》译为："三十岁懂礼仪，说话做事都有把握。"三十岁才懂礼仪，太晚了吧？李泽厚《论语今读》解释说："三十岁建立起自我。"建立自我是什么意思？现在一般十三四岁的小孩都特别崇尚个性，那是因为他们有了自我意识，这算是建立自我吗？这些注释都有些不得要领。其实"三十而立"的"立"字可训为"成"，"三十而立"即学有所成的意思。《广雅》："立者成也。"成立成立，成和立是可以互训的。十五岁而有志于学，三十岁学有所成，句意多么简单连贯又明了。孔子三十岁之后创办私学招收弟子，如果自己学无所成，那不是误人子弟吗？

“四十不惑”，杨伯峻先生解为：“掌握了各种知识，不致迷惑。”李泽厚则说：“（孔子）四十岁不再迷惑。”这样的理解都显得空洞。我以为“不惑”是坚持理想不动摇的意思。这句直承上句而来，“三十而立”是学有所成，但学成并不是一个结束，而是成就理想的一个开始。孔子的理想在学问中孕育、探索，又因学有所成而激发起致用之宏愿。自己的理想是否完善？理想和现实有多大差距？这需要求证于诸家，也需要在时代的风浪中去实践、验证。孔子三十岁之前研究的是古学，是商周时代留下的旧学问。这些旧学问能否适应新时代，还需要进行完善和求证。《史记·老子韩非列传》记载孔子向老子问道，却被老子狠狠训了一通，“子所言者，其人与骨皆已朽矣”，“君子得其时则驾，不得其时则蓬累而行”。看来老子认为孔子的旧学问已经不合时宜。礼崩乐坏，天下大乱的大趋势已不可避免。你还想逆流而上，恢复周礼，这无异于螳臂当车、痴人说梦。孔子向老子求教，很可能是孔子四十岁之前的事。因为这时候他还有“惑”啊！不过，老子以及其他贤达的教诲，只是丰富和深化了孔子的思想和价值体系，并未摧毁孔子复兴周礼的决心。经过十余年的思索沉淀，变旧为新，孔子逐渐形成一整套系统的、不可动摇的价值观，这是四十孔子“不惑”之具体内涵所在。

虽然建构了理想，但实现它却会遭遇诸多困难。孔子四十岁以后，历任鲁国的中都宰、小司空、大司寇，经历了不少政治风浪。五十五岁时，因为不为三家权臣所容被迫周游列国。所以，

“五十而知天命”，是说五十岁之后，知道了理想实现之艰难，故而做事情不再追求结果。五十之前，全力以赴希望有所成就，而五十之后，虽然仍是“发愤忘食，乐以忘忧”（《论语·述而》），但对个人荣辱已经淡然，知其不可为而为之。“知天命”不是听天由命、无所作为，而是谋事在人，成事在天，努力作为但不企求结果。

“六十而耳顺”，是说六十岁以后能够容受各家批评而虚怀若谷。耳顺是容受批评，正与逆耳（排斥批评）相反。孔子周游列国最远到达楚国，楚国有狂人接舆过其门而歌之，笑他“何德之衰”，楚国的隐贤长沮、桀溺也用轻慢的口吻嘲笑孔子的迂执，但孔子并不以为屈辱，反倒虚心向他们求教。要知道孔子在当时也算一位名人呢！被乡野之人如此对待，不怒反敬，这样的虚怀岂不令人景仰？“耳顺”即是指孔子容纳各种尖锐批评的胸怀。

所谓“从心所欲不逾矩”，则是一种既自由而合理、无可无不可的更高的境界，这种境界很难言说。颜回曾感叹夫子之德，“仰之弥高，钻之弥坚，瞻之在前，忽焉在后”（《论语·子罕》），这可能就是对“从心所欲不逾矩”境界的一种感受吧。二百年后的孟子则对这句话有着更具体的解读，“可以仕则仕，可以止则止，可以久则久，可以速则速，孔子也”（《孟子·公孙丑上》）。但这些语言终究无法告诉我们这境界的真实。人生境界和艺术境界一样，只能自己体会，无法被人告知，看来我们要等到七十岁以后才会慢慢懂得吧。

“无友不如己者”是强调“慎于交友”

《论语》中有这么一段，其中有一句“无友不如己者”，常常招致误解：

> 子曰：“君子不重则不威，学则不固。主忠信，无友不如己者。过则勿惮改。”（《论语·学而》）

先列举几种注释：

《四书章句集注》：“无、毋通，禁止辞也。友所以辅仁，不如己则无益而有损。”

《论语译注》（杨伯峻）：“不要跟不如自己的人交朋友。”

《论语今读》（李泽厚）：“没有不如自己的朋友。”

李泽厚不同意杨伯峻先生的解释，是认为孔子不可能这么小器，竟然不跟不如自己的人交朋友，实在不是圣人所为。事实上，我们都不认为孔子是小器的人，不会不跟不如己的人交友，否则还算虚怀若谷、诲人不倦的圣人吗？但是，李先生的解释

"没有不如自己的朋友"，仍然不妥，因为这样解使这句在全章中孤立起来，前后文完全脱节了。

我以为，此章是在论学问与人品的关系。君子应该庄重有威仪，则学问与人品能充分结合，相互为用。接下来的三句都是在解释如何才能庄重，如何才能有威仪：其一在忠实诚信，其二在慎于交友，其三在勇于改过。

所以，即便把"无友不如己者"解释成"不和不如自己的人交朋友"，它也丝毫没有轻视和排斥不如己的人，而是强调"慎于交友"的意思。因为孔子的言说对象，是希望成为国家管理者的"君子"，他们在努力奋发、成就自己的过程中，要勇于和人品、学问高于自己的人交朋友，而不要和人品低劣、学问寡陋的人交朋友，民谚曰："不要和臭棋篓子下棋，越下越臭。"同样，你总是结交差劲的人，自己也会变得很差劲。这并不是瞧不起他人，而是强调慎于交友，交友要有助于自己进步。

《论语》虽然只是孔子诲徒的记录，但言谈之间多有章法，若轻轻放过，不加细究，不能得其真味。比如：

> 仲弓问仁。子曰："出门如见大宾；使民如承大祭。己所不欲，勿施于人。在邦无怨，在家无怨。"仲弓曰："雍虽不敏，请事斯语矣！"(《论语·颜渊》)

此章中的"己所不欲，勿施于人"，脍炙人口，被认为是对

“仁”的经典注释。但在这一章里，我认为它是对“使民如承大祭”的补充说明。全句意谓：出使外国一定要庄重不辱使命，役使人民一定要庄重而谨慎（像承担祭典一样）。怎么才能做到庄重而谨慎呢？就是要从百姓的心出发，不做他们不愿意做的事情。只有这样，才能做到“在邦无怨，在家无怨”。

孔子论述一个话题，虽简略只有三五句，但前后关联，思理缜密，既不会有无谓之空谈，也不会支离脱节。“无友不如己者”“己所不欲，勿施于人”都要放在原章语境中理解，然后再合理发挥，不能断章取义。

“民可使由之，不可使知之”是训诫儒家弟子亲身示范方能引领民众，与民众知情权无涉

“民可使由之，不可使知之”（《论语·泰伯》），这句话曾被认为是孔子思想的重大缺陷。按照现代人的见解，人民理当拥有政事的知情权，甚至还要直接参与政治，怎么能“不可使知之”呢？即便是在二千多年前，统治阶级也不会公然提这样的愚民言论，儒家知识分子更不会说这样冒天下之大不韪的话呢。如果这句话真有愚民的意思，人们有理由憎恨批判。可是，这句话究竟是不是一般人所理解的那个意思呢？

如果只列常见注本，可以发现大多数注家与大众的理解一样：

《论语译注》（杨伯峻）：“老百姓，可以使他们照着我们的道路走去，不可以使他们知道那是为什么。”

《论语今读》（李泽厚）：“可以要老百姓跟着走，不一定要老百姓知道这是为什么。”

《四书章句集注》：“民可使之由于是理之当然，而不能使之知其所以然也。程子曰：圣人设教，非不欲人家喻而户晓也，然不能使之知，但能使之由之尔。若曰圣人不使民知，则是后世朝

四暮三之术也，岂圣人之心乎？”

杨译与李译均不妥。《集注》近似。《集注》引程子的理解注意到，“不可使知之”这句话中的“不可”，是“不可能”“不能够”“做不到”之意，是无奈之辞，并非“不要”“不可”“不欲”“不一定”之意。

我们要确定“不可”在《论语》中是做不到的意思，有必要加几个语例旁证：

> 是可忍也，孰不可忍也。（《论语·八佾》）
>
> 不仁者不可以久处约，不可以长处乐。（《论语·里仁》）
>
> 夫子之言性与天道，不可得而闻也。（《论语·公冶长》）

“孰不可忍”，并不是说“不要忍”“不准许忍”，而是“忍不住”“做不到能忍”，其他几句亦然，那么我们就知道，孔子的“不可使知之”，并不是不准许让人们知情，而是因为礼乐教化这些思想内容，限于当时的文化水平和传播条件，是不可能传于天下，使家喻户晓的。正如屈原《离骚》所感叹的“众不可户说兮，孰云察余之中情”。既然如此，那怎么办呢？只好“由之”了。所谓“由之”，是带领他们的意思。孔子的意思是说，人民群众，限于他们的生活条件和文化水平，是不可能通晓礼乐文明的大义的，那怎么办呢？只有你们这些君子们以身作则，身体力行，承担道义，发扬文明，他们（民）自然会效仿你们，追随你们，整个社会的道德风尚、文明素质也因此会提高了。大家试想想，即便到了当下，如果我们希望社会风气变好的话，知识精英不带头，指望一般民众来引领，有可能吗？

由于人们对愚民政策的敏感，大家对这句话的理解重点放在“不可使知之”上，其实它的重心却是前面的“民可使由之”，是在强调儒家知识精英要以身作则、带头示范，用行为而不是用宣传口号把人们导引到仁义礼智的正确轨道上来，这才符合孔子对弟子们谆谆教导的语气呀！

“唯女子与小人为难养也”是感慨宠妾与宠臣阻挠破坏儒家宏业，与歧视妇女无涉

孔子在《论语·阳货》中有这么一句：“唯女子与小人为难养也。近之则不孙，远之则怨。”这句话给孔夫子带来不少麻烦：反孔教者以之为挞伐之口实，巾帼红颜为之横眉怒目，孔子的徒子徒孙们也为解释这句话伤透了脑筋。

古代和现代的学者们费尽了心思，也没有办法作一个圆通的解释，从古到今竟没有人真正懂得这一句话。《论语》注本译本不下百种，绝少有把这句话讲通的。比如杨伯峻先生所著《论语译注》解这句道：“只有女子和小人是难得同他们共处的，亲近了，他们会无礼；疏远了，他们会怨恨。”

把“养”翻译成“共处”有训诂学的根据吗？况且：孔夫子为何要与小人女子共处？在男女授受不亲的春秋时代，孔夫子除了和自己老伴之外，恐怕再难有与其他女性共处的机会吧？至于小人，如不能共处，避开就是了，何必为此苦恼呢？

李泽厚《论语今读》解这句道：“只有妇女和小人难以对付：亲近了，不谦逊；疏远了，又埋怨。”

同样，把“养”翻译成“对付”也没有根据。孔夫子为何要对付小人女子？在那个时代，让孔子感到难以对付的小人女子又会是谁呢？

还是古人的解释通达一些，朱熹指出小人女子非泛而言之，“此小人，亦谓仆隶下人也。君子之于臣妾，庄以莅之，慈以畜之，则无二者之患也。”（《四书章句集注》）意谓对待妻妾仆隶，若太亲近了他们就会不逊，太疏远了他们就会怨恨。把小人女子解释为特定的对象，我以为要比今人的解读明智得多。

不过，还是不能令我满意。孔子如果连妻妾仆隶都不能驾驭，他的智慧也太平平了。《论语·乡党》记载孔子在朝堂上“侃侃如也”“訚訚如也”，在与人交往时，夫子随机应变、游刃有余，要去教化万民的夫子，何以对管教妻妾仆隶倒觉得困难呢？

要准确理解这句话，我以为首先要确定“养”字的涵义。据《汉语大字典》，养可以读去声，有供养、奉养之意，《说文·食部》：“养，供养也。”引申为侍奉之意；也可以读上声，有教育、熏陶、培植、长养之意。我认为在这里“养”是供养、侍奉之意。《论语·为政》：“今之孝者，是谓能养。”《庄子·养生主》：“可以养亲，可以尽年。”“养”字均是“赡养”“供养”“侍奉”等义，而没有“共处”“对付”的意思。

其次是确定“小人”“女子”具体所指。若“养”字有“供养”“侍奉”之义，则所养之“小人”“女子”地位应在孔子之上。什么样的“小人”“女子”凌驾于孔子之上，需要孔子来

“养”呢？显然不可能是妻妾仆隶，也不会是社会上一般的小人女子。唯有可能的就是君王身边的宠妾和小臣。这些人虽然品行无端，却往往挟君以令臣，耀武扬威呢。儒家的君子们想要得到君王的信任，这些宠妾小臣是无法逾越的难关：礼敬他们则可能招致羞辱，疏远他们又可能招来怨恨。这才是孔子深叹小人女子难养的真实缘由啊！

我们可以举两个例子来说明。《论语·雍也》记载：“子见南子，子路不说。”孔子虽向子路赌咒发誓：“予所否者，天厌之！天厌之！”意思是说我绝对不会与南子有什么见不得人的勾当，但子路仍对老师的行为不能理解。南子是一个性淫而无行的女子，孔子为什么要去见她呢？要知道南子是卫灵公的宠妾，卫灵公年迈昏庸，朝政事实上把持在南子手中。孔子在卫国欲有所为，还非得巴结南子不可。但结果如何呢？南子终究未能成为孔子的支持者，看来她也未必是孔子的崇拜者吧（电影《孔子》如此描述）。南子有没有对孔子“不逊”我们不知道，反正孔子最终“不得用于卫而去陈”却是不争的事实。

《孟子·梁惠王下》讲到这样一件事：“鲁平公将出，嬖人臧仓者请曰：‘他日君出，则必命有司所之。今乘舆已驾矣，有司未知所之，敢请。’公曰：‘将见孟子。’曰：‘何哉！君所为轻身以先于匹夫者，以为贤乎？礼义由贤者出，而孟子之后丧逾前丧，君未见焉。’”

鲁平公欲礼请孟子，受到小臣臧仓的阻拦，他进谗言说：“孟子后丧逾前丧”，是个没有品行的人。什么叫“后丧逾前丧”呢？是说孟子葬母亲之规格高于其父亲，这在古代是不合礼仪的。事实上孟子父亲去世时，孟子才三岁，家贫无力营葬，而其母去世时孟子已是壮年，家境较为殷实，“后丧逾前丧”怎么能归咎于孟子呢？臧仓进谗言，无非是怕贤臣得势自己没好日子过，而性情“迂阔”的孟子又没有事先巴结他。孟子因为未能讨好臧仓之辈，招至谗毁而终不为鲁公所用。这是“远之则怨”的例子。

如果我们理解了“小人”“女子”何以“难养”的真实含义，就不会把这句话和孔子歧视妇女联系起来了。孔子所不满的，是君王身边的宠妾、小臣们，亲近也不得、疏远也不行，他们的谗毁往往使君子失去施展抱负的机会，这是多么令人遗憾和痛心的事情！至于社会上一般的妇女、小人，他们是否好相处，才不是孔子及其弟子们关心的问题呢！

至于孔子对待妇女的态度究竟如何，史无明文，不敢妄说。不过有几则材料值得我们注意，《孔子家语・大昏解》记载了孔子对鲁哀公说的一段话：“昔三代明王必敬妻子也，盖有道焉。妻也者亲之主也，子也者亲之后也，敢不敬与！”

儒家主张修身齐家，家和则邦宁，敬妻子则家和。孔子主张在家庭关系中，妻子对丈夫应顺从，而丈夫也应尊敬妻子，这样的言论被解读成男女平等的意识一点也不过分。看来，孔子也并不歧视妇女呀！

南朝梁《殷芸小说》记载了孔子去卫适陈，与采桑女交游并得到他们帮助的有趣故事："孔子去卫适陈，途中见二女采桑。子曰：'南枝窈窕北枝长。'答曰：'夫子游陈必绝粮。九曲明珠穿不得，著来问我采桑娘。'夫子至陈，大夫发兵围之，令穿九曲明珠，乃释其厄。夫子不能，使回、赐返问之。其家谬言女出外，以一瓜献二子。子贡曰：'瓜，子在内也。'女乃出，语曰：'用蜜涂抹，丝将系蚁，蚁将系丝。如不肯过，用烟熏之。'孔子依其言，乃能穿之。于是绝粮七日。"（《殷芸小说》）

孔子在周游列国途中，遇到窈窕聪慧的采桑女，心生爱慕，以诗挑之，他一点也没有觉得女子"难养"啊！夫子在穷极无聊的流浪生活中还有此浪漫情调，我等实在佩服。这才恍然悟到《诗经》中爱情诗为什么那么多呢！理学家们把孔子推上神坛，以为他是不食人间烟火的至圣先师，这些迂腐的家伙哪里晓得夫子有如此风情哟！

最近看到的一本书让我对理学家也改变了看法。陈荣捷先生的《朱子新探索》一书讲到一个故事，在民间传说中，道貌岸然的朱熹也有浪漫的艳遇，也并不拒绝女子的温情，让我们在陈先生娓娓的叙述中结束本篇吧：

> 南宋淳熙十年，朱熹辞官回到武夷山，在碧水萦绕的五曲溪畔建起了武夷精舍。那四方的学子，慕朱夫子大名纷纷前来，求学听经。……
>
> 日落日起，花开花谢，朱熹年复一年地文不离口，笔不

离手。……

可是，朱熹独居深山，在幽静中也感到寂寞呀！……

一天黄昏，日头刚落山，朱熹正对着满天的晚霞吟诗作赋，忽然听到门外传来“先生、先生”如银铃一般的呼唤声，忙出门一看，见茶洞外的独木桥上站着一位亭亭玉立的女子，正笑吟吟地朝这边走来。……

从这以后丽娘风雨无阻，天天晚上来到朱熹的书房。她读遍了四书五经，替朱熹誊写了很多很多的诗文，还常常陪先生吟诗作画到深夜呢！丽娘聪明贤慧，不但才学过人，而且非常温柔多情，体贴先生。……

这一来，朱熹的著述越来越多，文思越来越敏捷。丽娘的心像浸在桂花蜜里，从外到里都甜透了。丽娘的柔情体贴使朱熹感到温暖与欢乐，有时又思绪缕缕，在灯下写了这样一首七绝：

川原红绿一时新，暮雨朝晴更可人。书册埋头何日了，不如抛却去寻春。……

“不患莫己知，求为可知也”：让“德”与“学”充实“位”与“名”

《论语·里仁》：

> 不患无位，患所以立；不患莫己知，求为可知也。

“不患莫己知”句，程子解道：“君子求其在己者而已矣。”

位，是职位；所以立，即德与学；莫己知，即名也；可知，即德与学。这是批评求位求名的人，不下切己的功夫，舍本逐末，追慕虚职虚荣。

世人追求职位的人多，追求德与学的人少。他们追求名声，渴望人们知道自己、尊重自己，以此获得自尊心的满足，却不在德与学上用功，利用自己的名声对社会产生积极的影响。

孔子的人生，是宽容宏达、自强不息、奋发有为精神的典范。当时天下大乱，贤人君子，隐者（无位者）甚多，孔子一方面对他们的清高表示赞赏，一方面又用自己的方式，标示比隐逸更高尚更有价值的生活方式，即以无为的心态行有为之事，知其不可为而为之。

孔子的有为，是包含无为在内的，即不以功名为念，不以得失为怀，积极进取而又随缘顺命，执着于理想而又虚怀若谷。

孔子赞赏史鱼的忠谏，也欣赏蘧伯玉的卷而怀之。孔子乐于扬人之善，但他自己的作为，是高于二者的。他不仅仅要做一个忠臣，或是一名高士。而是在无道的时局里，把道的精神，变成安身立命的基本理念，做人做事的具体方法，诗书礼易的学术传承。

孔子的人生追求，已经不着眼于自己的成就，以及自己用何种方式生存——他可以用任何方式生存——只要有助于传播真理。如果做忠臣能传道，他就做忠臣；做隐士能传道，他就做隐士；做教书匠能传道，他就做教书匠。这就是孔子说自己“无可无不可”（《论语·微子》）——他不把自己定位在一个方面，而是道之所在，人即从之。

孔子和孟子，处在不同的时代。春秋之时，虽然礼崩乐坏，但周室尚存，犹可扶持。孔子的尊君，并不是尊齐鲁诸侯，而是尊周天子。要统一要和平，必以尊天子、复礼乐为前提。战国之时，东周衰颓不可挽救，孟子所谓君，是指齐卫诸侯。天下统一既已不可能，眼下能做的是奉劝各诸侯行仁政，犹可救几个小民性命，也可通过仁君把仁政的思想传承下去。古圣人在不同的时代、不同的情境、不同的身份下，说出看似不同而其实质相同的话，这个实质就是：合乎正道、合乎人性，合理、合情。

“君君臣臣父父子子”是强调敬业与守规矩，与“愚忠”无涉

《论语·颜渊》：

> 齐景公问政于孔子。孔子对曰：“君君，臣臣，父父，子子。”公曰：“善哉！信如君不君，臣不臣，父不父，子不子，虽有粟，吾得而食诸？”

君君臣臣父父子子，不是在强调等级制度。等级制度在孔子之前几百年就制定完备了。孔子的意思是说：君要像君，要爱民；臣要像臣，要守职；父要像父，要尽责；子要像子，要上进。强调的是敬业意识、责任意识。故齐景公嗟叹道：若君不君、臣不臣、父不父、子不子（每一个岗位的人都不安守职分），天下不就大乱了吗？如果这样，即使五谷丰登，我能吃到它们吗？（大家都不守规矩，不纳租，不交税，天下大乱，君王食不甘味、坐不安席。）

鲁定公曾经问孔子：“君使臣，臣事君，如之何？”孔夫子

啊，按照你们的教义，君王是不是可以无条件地使唤臣子，臣子是不是要无条件地服事君王？孔子冷冷地回答他：“君使臣以礼。臣事君以忠。”（《论语·八佾》）不是这样的。君王使唤臣子要在合乎礼法的前提下，臣子服事君王才会发自内心。儒家君子尊重的是礼，而不是君。只有君王成为礼制的象征时，忠君才有意义。孔子及其弟子忠于自己的价值观，哪里是无条件的忠君呢？

“礼之用，和为贵”：周礼的价值在于以合理的方式达到和谐

《论语·学而》：

> 有子曰：“礼之用，和为贵。先王之道，斯为美。小大由之，有所不行；知和而和，不以礼节之，亦不可行也。”

礼的价值，在于它能创造和谐。和谐是可宝贵的。周代文化之所以完美，就是因其通过礼（合理的制度设计）的手段达到和谐。其实无论治国还是处世，都应该遵循这样的原则。可是很多人却不懂得这个道理。老子以为回到“小国寡民”的“至德之世”就能达到自然与和谐，这完全是开历史的倒车，对社会发展没有实际的指导意义。农家主张君王大臣与民同耕，整个社会没有阶层，也不需要有劳力劳心者的分工，商品无论精粗都同等价格，以为这样的“平等”能产生和谐，其实这除了造成社会混乱、物资短缺外不会有其他结果。墨家主张兼爱，爱不相识的人与爱自己的父母等同，这都是不能顺应人情、也不切实际的空

想。社会形成阶级，阶级形成了尊卑贵贱，父母兄弟夫妇朋友自有亲疏之别，这固然是不平等，却是历史和人性的事实，我们应该正视。简单粗暴地混淆区别而达到的所谓的平等（和谐），将是社会的灾难。儒家继承周礼的精髓，主张适当地确定各阶层的权利和义务，规定各阶层各族群在统一的规则下和睦相处，在不平等中寻求平等，在不和谐中寻求和谐，才是真正的、合理的、可持续发展的和谐。

这段话有三个层次：一、“礼之用，和为贵。先王之道，斯为美”是赞美礼与和的重要价值。二、“小大由之，有所不行”是说任社会随意发展，必然产生巨大的贫富不均、地位不均，这样的社会是难以维系的，“有所不行”，是说这样的话，社会就会产生危机，不能继续存在和发展。这一段是阐释和谐、均衡之重要。三、“知和而和，不以礼节之，亦不可行也”，这是说，和谐与均衡是重要的，但不能把“和”理解成绝对的平均。“知和而和”，就是为和而和，绝对平均主义，均贫富、等贵贱，取消社会差别，这样既不可能，也不合理——差别是天然存在的，要面对现实而不能逃避、歪曲现实。只有用“礼”（秩序法度）的方式来实现“和”（均衡、和谐），才是正道。

“夷狄之有君，不如诸夏之亡也”：骂尽春秋雄霸之主

《论语·八佾》：

子曰：“夷狄之有君，不如诸夏之亡也。”

程子曰：“夷狄且有君长，不如诸夏之僭乱，反无上下之分也。”

某公认为这句话没有逻辑：孔子既然认为文化落后的国家虽有君主，还不如中国没君主。但后来他又说“道不行，乘桴浮于海”（《论语·公冶长》）。想想吧，他的主张在文化底蕴丰厚的地方尚且行不通，在没有文化的夷蛮海外，又怎能行得通？太不讲逻辑。

知恬斋案：若将两段不同场景中文字强行联系，的确会有逻辑不通之嫌。但两句话都是感慨，不是严密之事理论述，故不能用逻辑来强求。且两次感慨指向不同的方向。“夷狄之有君”是感慨今日诸夏之君不如夷狄之君。“道不行”是感慨若道不行，不如远游沧海乐逍遥。“乘桴浮于海”不是说要到海外去寻夷狄

之国实现理想，而是说避乱世而求世外桃源。

尹氏曰：“孔子伤时之乱而叹之也。亡，非实亡也，虽有之，不能尽其道尔。”

当孔子之时，夷狄（戎狄）之君，专恃强凌弱，不知周代之有礼乐文明；今日诸夏之君（晋齐楚秦），专行侵伐僭越之事，如夷狄一般。不能行周代文教之君，于我（欲复兴周礼者）何有？于天下何益？诸夏无君，尚可企盼文、武、周公重生；诸夏之国皆为雄霸君主窃取，他们也懂得先王律令，也懂得祭祀仪仗，也懂得赋诗言志，看起来很高级很文明；但他们的作为，则连夷狄之君都不如：夷狄之君对外凶暴但对内并不奴役其子民，还能保持较为朴素真实的人性特质。雄霸之主则机心叵测，打着礼教的幌子，行巧取豪夺之事。其不仁不义之内心，非深于春秋时局之夫子不能领会。

“食不厌精”是强调上得庙堂嚼得草根，与贪图享受无涉

《论语·乡党》：

> （孔子）食不厌精，脍不厌细。

《四书章句集注》：“食精则能养人，脍粗则能害人。不厌，言以是为善，非谓必欲如是也。”

某君评论道：孔子多次说过“君子食无求饱，居无求安”（《论语·学而》），“士志于道，而耻恶衣恶食者，未足与议也”（《论语·里仁》）。但《论语·乡党》却记载着他肉“割不正不食，不得其酱不食”，“沽酒市脯不食”，前后逻辑矛盾。

知恬斋案：读书若一知半解，不宜轻发议论。其实朱熹在集注中说得明白：不厌，言以是为善，非谓必欲如是也。精比糙好，细比粗好，这是事理之当然，应该承认。我们可以忍受粗砺之食，但不能违心地认为粗砺之食比精美之食更可口，孔子不是这样矫情的人。而“食无求饱，居无求安”则是在探讨另一个话题。

"君子食无求饱，居无求安"，不以"恶衣恶食"为耻，这与孟子之"生于忧患，死于安乐"，宋儒汪信民之"咬得菜根，百事可做"之理相似，都是至理名言，为中外历史与现实所证明——贪图享受、计较功名者，几人能做出伟业？而孔子的"割不正不食""食不厌精，脍不厌细"，却与贪图享受无关，而是在特定情境下遵守贵族生活的行为规范。当其在庙堂时，可以食不厌精；当其在草野，也可以箪食瓢饮。

《论语·乡党》一篇中的孔子，善于根据情境的变化而调整其行为，其宗旨是强调人与环境的和谐。"孔子于乡党，恂恂如也，似不能言者"——非不能言，乐于听取乡民议论而不以士夫身份凌驾于其上也；"其在宗庙朝廷，便便言，唯谨尔。"——当其言时，当仁不让于君。其言与不言，是根据情境而变化，这难道也有"逻辑"上的矛盾吗？

同样，在庙堂之上，贵族有其精致华贵的生活习惯，孔子也能不失其规矩——设若贵族邀孔子列席宴会，孔子不屑加入，一边啃着自己的冷馒头，一边冷眼嘲讽富贵人，如此狭隘的清高，岂能进得庙堂？岂能做得大事？——"不厌精""不厌细"，不是很虚伪？是说奢华富贵的日子也过得，不是追求奢华富贵也。当其周游列国，颠沛如丧家之犬，恶衣恶食，孔子也不改其"弦歌"的风度，这才叫"食无求饱，居无求安"。哪里有逻辑上的矛盾呢？穷不改其志，富不改其度，这才是真正的君子啊！

“三年无改于父之道”是强调践言，与“愚孝”无涉

《论语·学而》：

> 子曰：“父在，观其志；父没，观其行；三年无改于父之道，可谓孝矣。”

《四书章句集注》：“父在，子不得自专，而志则可知。父没，然后其行可见，故观此足以知其人之善恶。然又必能三年无改于父之道，乃见其孝；不然，则所行虽善，亦不得为孝矣。尹氏曰：如其道，虽终身无改可也。如其非道，何待三年？然则三年无改者，孝子之心有所不忍故也。”

某公于此解释评论曰：从逻辑上讲，父亲如果正确就没必要改，如果错误就没必要再等三年。孔子不说父亲正确不正确，只说三年不能改。朱熹《朱子语类》卷二十二亦持此论：“若父之道已是，何用说无改，终身行之可也。事既非是，便须用改，何待三年？”“既合于道，虽终身守之可也，奚止三年？若不合于

道，如盗跖之所为，则不得不改。”

疑之甚是；朱子解之亦通。然皆不得孔子本意。此章专就“庭训”而言之。

古代世家贵胄有“庭训”，即所谓家庭教育，士农工商之家，父子亦相授职业技能与规范，就此教导的内容来说，不存在善与不善的问题——世上岂有父教子为非作歹的？即便父亲是强盗奸商，他们也指望儿孙能有好前途啊。所以，就父亲之作为来讲，或有善有不善，然就父亲之所教导与期望子孙者（父之道），不存在善与不善的问题。

此章之重点，在强调儿子听从父亲的教诲，父亲在时，要用心领会（父之道），父亲既没，要奉行实践（父之道）。父之道或有不足，可在继承的过程中斟酌完善，不可轻易背弃。——父死丁忧，本有三年守丧之制，如在父尸骨未寒之际，遽尔背弃其教导与期望，难道能够叫做孝吗？

此章所批评者，在于一般所谓人子，父在时阳奉阴违（表面听从，而“其志”实不诚），父没即改弦更张（父死未久，遽尔背弃），人情之凉薄，莫此为甚。孔子力倡孝道，旨在倡导真诚淳厚的社会风气，非愚孝不思进取也。

“可与共学，未可与适道”章分析四种求道之人

《论语·子罕》：

子曰：“可与共学，未可与适道；可与适道，未可与立；可与立，未可与权。”

此章论交友之道。

孔子说：有些人有求学之心，未必有求道之志。那些为生计而学，为荣华富贵而学的人，终究与你道不同而不相为谋。

有些人有求道之志，但意志薄弱，有始无终，中道而返，不能有所树立。这些人可引为同行之人，却不能引为同道之人，有始无终。

有些人有求道之志，又意志坚定，有所树立，但不懂得权变，不能用灵活有效的方法实现正道；或一意孤行，或偏僻强梁，或沦为狂狷之士，此虽有道，不能有成，终究可惜。

此章论交友，实际上也讲了人生的四层境界。

求学之心最基本的是，不愤不启，如果一个人不知求学，不思进取，这样的人生基本上可以被判定是毫无意义的，不在孔子所论之列。

若为学而学，记诵博辩，学问与自我身心性命了不相关，这样的学问即便有所成，只怕于人于世也无补。所以求学必上溯至追求真理。道即是学问之终极，真理之终极。

既有求道之志，不能有始无终；必须学而不厌，发愤忘食，虽九死其犹未悔，方有所得，故非弘毅之士不能为之。求道既有所得，要在人间实现正道，必有灵活高效，故要识时务、通权变，顺世而为，功成身退，方为最完美之结局。

“焉能系而不食”：失败总比无意义好

《论语·阳货》：

公山弗扰以费畔，召，子欲往。子路不说，曰：“末之也已，何必公山氏之之也。”子曰：“夫召我者，而岂徒哉？如有用我者，吾其为东周乎？”

佛肸召，子欲往。子路曰：“昔者由也闻诸夫子曰：‘亲于其身为不善者，君子不入也。’佛肸以中牟畔。子之往也，如之何？”子曰：“然。有是言也。不曰坚乎，磨而不磷；不曰白乎，涅而不缁。吾岂匏瓜也哉，焉能系而不食？”

公山弗扰是鲁国执政贵族、季孙氏宗主季桓子的家臣，占据费邑反叛季孙氏，欲请孔子前来辅佐。佛肸是晋国正卿、赵氏宗主赵鞅任命的中牟宰，据中牟造反。赵氏伐中牟，佛肸欲请孔子来辅佐。对于这两次出山的机会，孔子都心动欲往。子路苦劝他不要去，一是这两位都是反叛主人，名声不太好；二是这两位职位低、实力弱，最后多半不能成功，事不成，反有杀身之祸。

某君对此评论道：孔子在当官问题上自相矛盾。他主张政治清明才能当官：“天下有道则见，无道则隐。邦有道，贫且贱焉，耻也；邦无道，富且贵焉，耻也。”（《论语·泰伯》）但实际上孔子想当官到了饥不择食的地步，连叛臣乱贼召他去当官他也动心。《论语·阳货》告诉我们：公山弗扰造反，召孔子当官；孔子非常想去，子路很不理解，抱怨说：“您没地方当官就算了，怎么能去辅佐公山氏那个造反的权臣啊？”孔子只好辩解道：“我想复兴文武之道啊！”佛肸造反也召孔子当官，孔子又动心了，子路只好用他以前教导学生的话劝他，没想到孔子竟批评子路：“吾岂匏瓜也哉？焉能系而不食？”——“我难道是葫芦吗？难道能像葫芦一样吊起来不吃不喝吗？”诸如此类反逻辑例证《论语》中还有很多，恕不一一。

知恬斋案：古代士大夫学而优则仕，无可厚非。人都要生存，今日之学士硕士博士，再勤学苦读最后毕竟也要找份工作。圣人也有凡夫的一面，这很容易理解。所不同者，是在义利之间孰轻孰重的问题。仁人志士做官，为的是实现道义，凡夫俗子当官，为的是富贵荣名，或是混口饭吃。若说“孔子想当官到了饥不择食的地步”这样轻佻的言论，用在凡夫上则可，用在孔子身上则太过轻慢圣贤了。孔子如真要不择手段要做官，是很容易做到，他只要向季氏妥协，不再主张“堕三家”，就不但可以保住他司寇的官职，还有升迁的机会，何必去周游列国、大费周章？

当时鲁国之政治困境，在于以季孙氏为首的三桓（季孙氏、叔孙氏、孟孙氏）贵族世家乱政，鲁国国君沦为傀儡，君不君臣不臣，朝纲混乱。孔子身为鲁国大司寇，提出削弱三桓势力以正朝纲，这是符合鲁国的政治利益的。但鲁定公软弱，虽有孔子扶持，但在与三桓的政治军事博弈中，不幸失败，孔子只好逃往他国了。

《论语·阳货》中这段话，前面是“公孙弗扰以费畔，召，子欲往”。公孙弗扰何许人？他是季孙氏的家臣，孔子是季孙氏的死对头，为何季孙氏家臣欲召孔子？原来，公孙弗扰叛变了季孙氏，公孙知道孔子与季孙氏不合，欲借其声望来与季孙氏对抗。子路不屑于辅佐季孙氏之家臣，故有此言。但孔子却很动心——只要有铲除季孙氏的一线机会，为何不一试呢？这里表现的是孔子在鲁时的真实处境，他的目的是除掉以季孙氏为首的三桓，复兴鲁国。所以，只要有反季孙氏的力量，无论大小，他都愿意冒着生命危险尝试。

佛肸的情形与公孙弗扰相似，他反抗的不是晋国国君，而是晋国权臣赵鞅。赵鞅清除晋国其他政治势力，目标是一家擅权，最终取晋君而代之。在赵鞅和佛肸之间，并没有孰是孰非的问题。孔子的目的，是借佛肸的力量恢复晋君正统。如果成功了，鲁君的正统地位是不是也可以恢复呢？当然，孔子对当时的政治军事形势估计不足，对自己的能力也太过自信。佛肸的力量远不能和赵鞅比，孔子若支持佛肸，恐怕会遭灭顶之灾。子路劝阻孔子是有道理的，他当然不希望夫子带着弟子们无谓地当炮灰。

“吾岂匏瓜哉，焉能系而不食？”不是孔夫子说自己想要有饭吃——这时的孔子，身份是鲁国大臣，吃饭不成问题。而是说自己想对鲁国起点作用，不要像吊着的葫芦一样只是挂在那里好看。不食者，不被食也。

既然实力不足以对付敌人（季氏），那就把敌人的敌人（公孙弗扰）当做朋友，这不是很灵活的斗争艺术吗？既然实力不足以在鲁国内部解决问题，那么就带弟子们到晋国先练一次兵，或可借机壮大自己的力量。诸葛亮出山时，投奔的是寄人篱下、将寡兵少的刘备，后来不也成就了大业？孔子不是迂腐的书生，他的远虑、胆识和冒险精神，远非头脑简单的子路所能理解。而那些凭着“逻辑”去臆测的人，就更不能梦见孔子的智慧了。

“人未有自致也，必也亲丧乎”：从“亲丧”引申出献身精神

《论语·子张》：

> 曾子曰：“吾闻诸夫子，人未有自致也，必也亲丧乎？”

“自致”即“献出自己”，有献身之义。古注云：“人虽未能自致尽于他事，至于亲丧，必自致尽。”

中国人的个性常内敛，其感情常压抑，轻易不会爆发。而父母与子女的深厚的感情（亲情）随着岁月的沉淀到了极深厚极强烈的程度，一旦父母之丧，其椎心泣血之情，往往释放不能自已，有恨不能以身相代者。这种情形让人们体验到感恩是人世间极可贵极深厚的情感。古人常称道的二十四孝，或有舍身救母、替父受刑的故事，这在西方人看来是不尊重个体价值，而在中国却能够被接受、理解和尊重，这主要是因为，感恩在中国文化中具有核心价值。

孔子提倡孝道，是为了培育感恩的感情。这种感恩之情转移

到国家、民族和社会之上，就成了救世、奉献和牺牲。国家、民族、社会作为我们生活的源泉，正如父母是我们生活源泉一样。当父母过世时，人子会有舍身相报（自致）的愿望；而国家、民族和社会，当它到了不能继续存在下去（被侵略、被侮辱或极端残暴不仁）的时候，我们就不能舍身相救吗？儒家救世、奉献和牺牲精神，从根本上说，是将人类感恩的情感，从父母身上转移到国家、民族和社会而已。

《论语》问答

生问：1. 如何理解“吾道一以贯之”“夫子之道，忠恕而已矣”（《论语 · 里仁》）？ 2. 子贡所说“我不欲人之加诸我也，吾亦欲无加诸人”（《论语 · 公冶长》）。这句话是否能理解成：不欲人之不欲加乎己，亦不欲施己之不欲于人？夫子说“非尔所及也”，是不是从个人修为的角度，认为尽己和推己都是很不容易做到的事情，是“道之一也”？ 3. 怎样理解“人能弘道，非道弘人”（《论语 · 卫灵公》）？是不是说修身最终是为了弘扬大道？这个道，和“笃信好学，守死善道。危邦不入，乱邦不居，天下有道则见，无道则隐”（《论语 · 泰伯》）中的“道”是同一义么？既要守道，又避于危乱以保全，是不是说只有保全自己才能适机而出，有朝一日有所实现？既是要弘道，又怎能闻道死可矣？

知恬斋答：

一、所谓忠恕者，忠者，中其心也（忠字上中下心）；恕者，如其心也（恕字上如下心）。中其心，是说对待自己，一言一行都要真实无欺（发自真心），竭尽己诚，不可蒙昧巧诈。如其心，是说对待他人，要以他人之心为心，设身处地为别人着想。

二、忠和恕，阐明了对人、对己的基本原则，贯穿二者的，即是“诚”字——真实无欺。

三、“我不欲人之加诸我也，吾亦欲无加诸人。”这是子贡对“己所不欲，勿施于人”的解释。其内涵是，以他人之心为心，对待他人与自己无差别，这就是“泛爱众”——“博爱”了。孔子说，“非尔所及也”，博爱可以说是人生的最高境界，子贡很仰慕这样的境界，但还没有做到。

四、无论儒家、道家，抑或大乘佛教，都是推己及人，从无为上至有为。都具有浑厚广穆、刚健进取的气质。没有奋斗，没有关怀，没有自强不息，勇猛精进，那是迂儒、假道学、方士、俗僧。儒释道的真精神都是泛爱众生、刚健有为。也可以说，儒释道的根本精神并无实质性的差别。

五、孔子的“克己”，可能会给人压抑自我的感觉，这是一个误解。“克己”，强调的是一种对自己的言行肯担当、负责任的态度，言必行，行必果（言行合一），非礼勿视，非礼勿听（拒绝诱惑），没有大丈夫的识见、勇毅，绝难做到。

六、孔子的“复礼”，强调的是建设合理的制度。礼者理也，只要符合人性、合于理的制度即是礼。礼是随时变改的，但必须合于理，合乎人性。

七、儒家的有为，是从人格上升到学问，并进到实践的层面，他关注的重点，是通过建构合理的社会制度，来保障人民的实际生活，并促进人文精神的发扬；道家的有为，关注的是个体的身心健康，他要对生命永恒的可能性进行充分的思考和实践。道家的高人，往往施药、祈禳，发明和传授有益于人的功夫，这不也是有为吗？佛教则不仅仅关心人生前的福寿，甚至对一个人死后到哪里去，也要充分地关爱。佛教的生命观，不限于有限的人生，他所救助的，不仅是世间人，还有兼及畜生、饿鬼、地狱界的众生，佛教之博爱与有为，可谓大矣哉！

读《孟子》

“为我”“兼爱”，过犹不及，都是危险思想

《孟子·滕文公下》：

> 天下之言，不归杨，则归墨。杨氏为我，是无君也。墨氏兼爱，是无父也。无父无君，是禽兽也。

某君评论道：孟子继承孔子衣钵，逻辑观念更加混乱。孟子批判杨朱个人主义和墨子博爱观念时说：“杨氏为我，是无君也。墨氏兼爱，是无父也。无父无君，是禽兽也。”这是什么混账逻辑？杨朱主张为自己，就是不要国君；墨翟提倡爱众人，就是不要父亲；不爱国君不爱父亲，那他们就都是禽兽。依此类推，胡适大声疾呼“争你们个人的自由，便是为国家争自由！争你们自己的人格，便是为国家争人格”，孙中山常题“博爱”赠人，按照儒家理论，胡适、孙中山岂不都是“禽兽”？

知恬斋曰：这位仁兄评论经典时总爱用逻辑责人，但他用同一种逻辑来衡量两种语境中的思想。当我们抱着这样的心态读

书，书中有价值的部分全都没有逻辑，圣贤也成了不通事理的糊涂蛋了。

当孟子之时，值周王室湮灭之际，复兴周礼已是梦幻泡影，儒家的目标转向劝谏战国列强“行仁义”，此虽无异于与虎谋皮，有其迂阔的一面，但谁能说“仁义”的思想不对，“老吾老以及人之老，幼吾幼以及人之幼”没有逻辑呢？

孔子之后，孟子之前，天下的学问，不归于杨则归于墨。正是杨朱与墨子，侵蚀了儒家思想的生存空间，正好比今日之极度的物质主义，使人文精神不得发扬。孟夫子愤恨之而形于言外，言辞激烈处，恐不必苛责吧。

杨朱之“为我”，并不是为自我争人格，而是“拔一毛以利天下不为”，这种“一毛不拔”主义，固然是身处荒谬时代的愤激之辞，但如果后人当真了，以为不拔一毛即是自由，即是人格独立，不是很荒谬吗？试看西方之自由战士，为真理而战不惜牺牲生命，有哪个是“拔一毛以利天下不为”呢？孟子以“无君”批判之，是说极端爱我主义，是不顾天下人的自私自利，没有责任感，没有担当，批判之有何不可？

墨子之“兼爱”，强调博爱，是一种伟大的理想。其所谓“爱”，与儒家之不同处，在于“爱无差等”与“爱有差等”之别。爱无差等，强调爱父母与爱路人无异；爱有差等，则是亲疏分明。试问，对待父母如同路人，则父母作何感想？儒家尊重社会风俗，尊重当时人们的实际心理感受，在博爱的基础上，细化了爱的轻重强弱可以有所不同，难道不是很务实很灵活的主张？相比之下，墨子的“兼爱”显得多么的偏颇和不切实际。所谓“无父”的批评，是说不顾家庭伦常的“兼爱”，置孝道亲情于不顾，不但不合理，而且也行不通。

胡适先生固然强调争个人的自由，但他自己却从来是忍辱负重，宁可牺牲自己也要为他人着想；孙中山先生固然常以“博爱”自励励人，但他并没有去爱慈禧太后和袁世凯。为了推翻满清、推倒复辟的袁世凯，他革起命来倒是毫不心慈手软的。

仁义礼智，是对社会精英的要求；自私爱我，是凡夫大众的权利。博爱无私，是理想社会的愿景；爱有等差，是当下现实的尊重。既主张仁义又强调爱有等差，两者并无矛盾；既倡言“兼爱”又称颂“爱我”，也可以自成逻辑，兼爱中难道不应该有“我”吗？思想要放在具体语境中去理解，才能呈现光彩。如果我们端出牡丹责备梅花不够艳，拿着竹子批评兰花不够直，那生活中实在找不到一件符合逻辑的美好事物了。

“万物皆备于我”：“自我”不落在“万物”的层次上，才能兼备“万物”

《孟子·尽心上》：

> 万物皆备于我矣。反身而诚，乐莫大焉。

“万物皆备于我”是说，我之心能容纳万物、具备万物、驾驭万物。这虽然是人天然的能力，但对于日益堕落的世人来说，必须要通过“反身而诚”的修养功夫，才能做到。

首先要明白。道、性、心、物，是中国哲学讨论心性问题的基本层次。

道创生人，人具备性，性主宰心，心决定物。这是自上而下的层次。

这个我，能否具备万物，关键看“我”落到哪个层次上。

如果这个“我”，把“我”也只当作一个“物”看，则怎么可能具备万物呢，只是与万物并列罢了。这个“我”，是身心合一的生命的主体。如果心不纯，摆脱不了沉重肉身的种种欲望，连自己的肉身也驾驭不了，又怎么能够驾驭万物呢？只有当“我”的心，通过尽心、知性、知天的功夫，使自己不断充实圆满，上溯到更高境界，则“我”沉重的肉身被降伏，那万物，哪有不被驾驭和降伏的道理呢？

心是什么？心是精神。情感是精神的重要内容，喜怒哀乐爱恶欲，都是心的表现。儒家修身语境中的“尽心”，即是说修身要尽一己之诚，即将精神、情感凝聚在“修身”“明道”这一个方向，心无旁骛，孜孜以求。年深日久，内外澄明。尽心，大约相当于佛教三学中的“定”。

所谓性，是指宇宙之理。宇宙之理，包括万事万物之理。通过尽心来知性，即是通过主体的精神澄明来明宇宙之理，这个叫自诚明；但也可以通过格物致知，这个叫自明诚。致知者，即知“性”也。

尽“心”以知“性”，由定而生慧。心是一个既可以向上、又可以向下的灵动之物，向上，可以尽心知性明道；向下，可以物质化、功利化和数字化。所谓堕落，即是心向着物的方向发展。

现代人的危机，在于心灵越来越趋向物化，“心”被物化了，既不能降伏自己身体的欲望，更不能驾驭世间万物，人退化成与物并列的地步，也就只能等待任“物”摆布的命运了。

所以，万物皆备于我，是有条件的。当“我”在“尽心”“知性”“知天”“明道”的层次，万物在心的层次之下，当然是“皆备于我”。“反身而诚”，“反”，即是我向着“尽心”“知性”“知天”的道路上走，而不是向着物化的道路上走。反，即是走到正道上，心才会有具备万物、驾驭万物的“乐莫大焉”的感受。若人心走到“物化”的道路上，感觉自己越来越像个物，是被外物牵引驾驭的小木偶。这样的话，即便一个人拥有很多，那也绝不会有“乐莫大焉”的感受，会感觉到自己被无可名状的东西控制、奴役，从而越来越麻木，越来越浮躁，越来越“烦”。心灵向着哪个方向走，决定心的高度，心的高度决定着人的幸福感。心堕落了，任你拥有再多，也绝没有“乐”的感受。如果有，那只能是自欺欺人。

心的堕落，就好像，人心从本来很高贵的位置，降到低一级的位置，此降彼升，那外事外物，就会窃取那本来属于心的位置，成为人的主宰。人心越来越功利、算计，不正是心不断物化的结果吗？而人心算计的结果，不是人控制了万物，而是人被万物控制。

说“尽心知性知天”

《孟子·尽心上》：

> 尽其心者，知其性也。知其性，则知天矣。

宇宙意义的天，是天之体。

道德意义的天，是天之用。

天之体，是说，我们把天当一个本然的存在，即，一个对象。

天之用，是说，我们观照天的功能，即创造、化育，即是道德。

宇宙意义的天，对于人来说，是没有意义的。

我们关注的，是道德意义的天，即天的功能。

创生万物，是天最主要的功能。

故此，道德意义的天，其内涵是创生万物、爱人利物，是谓天德。

我们将天的道德的内涵（创生万物、爱人利物），推行到人间作为道德准则，这就是以人道合天道，这是保证人类正常发展的必由之路。

天创生了万物，同时赋予万物以特定的内涵，此内涵叫做“性”，朱熹称作“理”。性即理，其实一也。

物有其性，所谓物理。人有人性，即是人伦。天下万物皆有其性。物无其性，那还能成其为物吗？人无人性，还能成其为人吗？

万物皆有“性”。草木之性，要生长。禽兽之性，要生存繁衍。人之性，在生存繁衍之外，还担当了引领、维持世界正常发展的使命。即是所谓“赞天地之化育”（《中庸》）。

天创生万物，赋予其“性”，并赋予其觉知思维此性的能力，即是“心”。

万物之中，为什么只有人能“赞天地之化育”？因为人的心，在众生中，是觉知思维范围最广、能力最强的。人的心，能知大千世界之色身香味触法、人情物理，并在此心觉知思维能力之内；还能反身而诚，洞悉物性人性天道。这种能力其他物类并不具备。

可是芸芸众生，大多用心向外去观察世间万象，并不能“反身而诚”（《孟子·尽心上》）。更有甚者，将此心，用来追逐自己所需之物，功名利禄，巧取豪夺。将广大虚灵纯正的心，堕落为聪明巧诈利欲之心，人性天道也就日益昏昧了。

如此，即未能“尽其心”，也就是说，心的功能没有完全发挥出来。人心，缺失了，被遮蔽了。

依着这条路走，人心将日益失去其功能，其觉知思维的范围愈来愈小，能力愈来愈弱。

古代道德之士，察觉心的这一发展趋势，创造出各种宗教、思想，要拯救可能陷溺和被遮蔽的心。而孟子的“尽其心”“反身而诚”之论，是儒家思想中最具宗教意味的心性论。

“尽其心”，简而言之，就是避免心的陷溺和遮蔽，不断地充实完善，回到它本然的状态。心愈回到本然的状态，它对于“性”的觉知就愈真实、愈圆满。对性的觉知愈真实圆满，对于天道的认知就愈真切。

好比我们登山，山脚视野最小，在半山腰能远远望到山顶；到了山顶，天高云阔，景物一览无余。“尽其心”好比是从山脚开始登山，直到山顶。到了山顶即知其性，完成了心之觉知的全部功能。“知天”，是不是还要从山顶再往上超越呢？其实不必，登山和飞越质同而形异，可以类推。故谓，“尽心”，“知性”即“知天”。若不能反身而诚，就好像离开大山，往平原上走，只会越走越迷茫。

现在的人们，越来越倾向离开大山，往平原上走。一开始，是充满着好奇，但越往后，就越迷茫，何况，还带了大量的行李，愈往前走，就越累。那山顶的风光，只成为遥远的回忆。因为，在平原上，到处都一样，哪里是归宿呢？

“人之易其言也，无责耳矣”：言语轻率是没有责任心的体现

“人之易其言，无责耳矣”，这是《孟子·离娄上》的话，此句在文中单列一段，无上下文背景，解说起来也无所依傍。杨伯峻先生翻译此句说：“人把什么话都轻易地说出口，那便不足责备了。”此解觉得不太妥。暂且不论这句话意思通不通，只从语感上看，把“无责”翻译成“不足责备”，很容易产生歧义。

歧义之一是：对于轻率发言论的人，不要去责备他，因为他们不足责备。这个意见让我们困惑：这样的人，难道连责备他们都不行吗？

歧义之二是：轻率发表意见的人太无聊无耻了，不值得我们浪费力气去责备。这个意思太绕弯子了。

所以，我选择较为简单直接的翻译：轻率发表意见的人，是没有责任心、不负责任的人（因而是不可信任的）。我以为，这里并没有提到是否要责备他的问题。

查检《论语》《孟子》中“无”的用法，大致有三种：

1. 没有。比如：天下无道。人而无信。无耻。

2. 不、不要。比如：无友不如己者。三年无改于父之道。无伐善，无施劳。

3. 没有什么，常与所连用。比如：由好勇过我，无所取材。

把“无”字解成“不足”的语例，恐怕也有，但笔者寡陋，目前还没有找到。

再看“责”字。虽然在《四书》中，“责”既可解作“责备”，也可解作“责任”，但在《孟子》中，“责”与“言”放在一起谈论时，却是责任的意思，这个语例与此句也颇有关联：

> 曰：“吾闻之也：有官守者，不得其职则去。有言责者，不得其言则去。我无官守，我无言责也，则吾进退，岂不绰绰然有余裕哉！”（《孟子·公孙丑下》）

这里出现“言责”一词，只能解释成劝谏（言）的责任。一个人对自己的言是有责任的，职官劝谏君王而不听，则视为自己没有尽到言的责任而离职，这是对言责的一种高的要求，孟子是很欣赏的。而“人之易其言也”，当然是对自己的言不负责任啦，孟子怎么会认为他们“不足责”呢？所以“言责”一词，与“无责”贯通起来理解恐怕更妥当些。

孔子和孟子，都主张好善恶恶，对于不合于正道的人和事，是要“鸣鼓而攻之”（《论语·先进》）、大胆批评的。“人而无信，不知其可”（《论语·为政》），不是在责备轻率无信的人吗；“攻乎异端，斯害也已”(《论语·为政》)，对于研究异端邪说并到处宣扬的人，会害人害已，这不也是一种批评吗？（攻是研究，不是攻击。但“斯害也已”有批评的意思）孟子的批评锋芒，上至独夫，下至谗佞，雄辩无碍，所向披靡，如果说对于轻率不负责任的人，孟子却用宽容的态度，只是笑笑说他们不值得责备，这恐怕不是孟子的性格吧！

孟子辩才难胜淳于髡

孟子号称善辩，他既有无碍的口才，又能娴熟运用各种辩论技法，兼挟浩然之气，常置对手于尴尬狼狈的境地，可以说，《孟子》可以当作辩论术的活教材。但世上并没有常胜的将军，也没有永远不败的辩手，在《孟子·告子下》所记的淳于髡与孟子的一次辩论中，孟子似略显被动，最后与淳于髡艰难地打了个平手：

> 淳于髡曰："先名实者，为人也；后名实者，自为也。夫子在三卿之中，名实未加于上下而去之，仁者固如此乎？"

孟子打算离开齐国时，淳于髡不无揶揄地对他说："以名实为先而为之者，是有志于救民也。以名实为后而不为者，是欲独善其身也。"（《四书章句集注》）你们号称仁者，应该是以名实为先的。但你在三卿之中，名实未加于上下，"上未能正其君，下未能济其民"（《四书章句集注》），在其位时而不谋其政，一旦不如意就离开君王，这算是仁者的作为吗？

孟子对此不能不应对：“居下位，不以贤事不肖者，伯夷也；五就汤、五就桀者，伊尹也；不恶污君，不辞小官者，柳下惠也。三子者不同道，其趋一也。一者何也？曰：仁也。君子亦仁而已矣，何必同？”

伯夷不愿以贤事不肖，故辞其位；伊尹则无论君王贤或不肖，都用正确的方法去辅佐；柳下惠不辞小官，不诽谤君王。三人做法不同，但其理念相同。孟子以三人做法不同而仁心相同来作例子，说明仁者是可以有变通的办法，随个性与处境不同采用不同的处世态度。但淳于髡不依不饶，继续诘问孟子：

（淳于髡）曰：“鲁缪公之时，公仪子为政，子柳、子思为臣，鲁之削也滋甚。若是乎贤者之无益于国也！”

淳于髡说：“公仪休、泄柳、子思在鲁国时，鲁国日渐削弱，你们这些贤者，怎么会让自己所在的国家被侵削而无所作为呢？”

（孟子）曰：“虞不用百里奚而亡，秦穆公用之而霸。不用贤则亡，削何可得与？”

孟子辩白说：“贤者在于其用，百里奚在虞国而虞国亡，在秦国而秦穆公称霸。若不用贤者，只怕鲁国早就亡了！”虽然辩得有理，但也只是抵挡住了对方的攻势，并没有形成反攻。于是淳于髡再次发动攻击：

（淳于髡）曰：“昔者王豹处于淇，而河西善讴。绵驹处于高唐，而齐右善歌。华周、杞梁之妻善哭其夫，而变国俗。有诸内必形诸外。为其事而无其功者，髡未尝睹之也。是故无贤者也，有则髡必识之。”

淳于髡说：“你们既号称贤者，古代贤者多有善名，教化一方。可是现在我没有看到哪个地方被教化得很好，有善政美俗，你们所谓的贤，只怕是自封的吧？如果真贤的话，怎么没有在社会上产生好的影响呢？”

（孟子）曰：“孔子为鲁司寇，不用；从而祭，燔肉不至；不税冕而行。不知者以为为肉也，其知者以为为无礼也。乃孔子则欲以微罪行，不欲为苟去。君子之所为，众人固不识也。”

孟子感叹道：“贤者在这样的世道，难有教化的机会，还常常被误解。不仅是我们了，连孔夫子离开鲁国，也被误以为是因为祭祀时无燔肉才离开的。其实却是因为鲁国无道，鲁君无礼，故意找借口离开，这是在为君王文过，哪里是小器呢？”

至此两人辩论结束，淳于髡三次进攻，孟子三次招架，虽然化解了攻势，但始终没有形成反攻，这在孟子的多次辩论经验中，恐怕也是绝无仅有。儒家在战国时的地位日低，正道不敌智术，大儒落魄时竟不及滑稽之雄，今日读来，怎不令人感慨！

《史记·孟子荀卿列传》记孟子事极简略，记邹衍、淳于髡事甚详，特别谈到淳于髡，“齐人也。博闻强记，学无所主。其谏说，慕晏婴之为人也，然而承意观色为务”。后与魏惠王谈，“王大骇，曰：‘嗟乎，淳于先生诚圣人也！’”“后淳于髡见，壹语连三日三夜无倦。惠王欲以卿相位待之，髡因谢去。”倡仁政王道的孟子被认为“迂远而阔于事情”，而“承意观色”的淳于髡却被目为圣人，呜呼，岂仅战国时如此哉？岂仅魏惠王如此哉？

附：王阳明四句教心解

王阳明四句教谓："无善无恶心之体，有善有恶意之动。知善知恶是良知，为善去恶是格物。"素称难解，今试解之。

无善无恶心之体

心者，精神之谓也。心之体，乃精神的本原。人的精神，无一时一刻不在活跃着，犹如水面上的波浪。而精神之本原，却如深潭般沉潜深静。因为心之动，本是心之体静极而生的。这静极的心，即是心之体、心的本原。心之体，不单沉静，还混沌无差别，不垢不净，不增不减，不善不恶。心之体，即是本心，即是禅宗所谓"本来面目"。体认到心之体，即是体认到静极、无差别的精神本源。

有善有恶意之动

意者，念也，心之所发也。心之体如深潭般沉静，意之动如风吹水面，呈现出无比活跃的种种念想。常人一日之中，不知要动几亿万个念想。这些念想中，有些是自我需求的表达，比如饿了要吃，困了要睡（正常的、中性的）；有些是妄念、非份之想，比如见色而痴，见财而羡（不正常的，偏于恶的）；有些念想，则是戒惧，自救与悲悯（超常的，偏于善的）。意是心之动，心之动向如果是朝着回归本心的方向时，即是善的；心之动向如果是脱离本心、走向欲望和沉沦时，即可说是恶的。

知善知恶是良知

念想的一部分，可以转变为行为。随妄念而动，即显现为种种行为不端，心灵纯粹沉静，行为就会相对合理。在日常行为中，哪些合理，哪些不端，如果自我能意识到，就可由此种意识加以节制，对行为的觉知能力，即是良知。良知好像一面镜子，反射出人的种种行为。人都有良知，王阳明说：强盗也有良知。为什么呢？一个人可以做强盗，但他不愿意人们叫他强盗，说明他还知道强盗这个词是不好的。良知即是知善知恶、知是知非的能力，即是孟子说的性本善。

为善去恶是格物

人有良知，但人还是犯错，这是因为人性的弱点、社会的诱惑或是种种客观因素所致。良知感较强的人，会因行为违背良知而愧疚悔恨，并激发起改过迁善的意志，以此作为人生的信条，这叫为善去恶；良知感弱的人，会很轻易原谅自己，用“随他去吧”“错就错了”“人都会犯错”一类话为自己辩护，甚至为自己的错误找一个堂而皇之的理由。“格物”，在这里的意思是“道德实践”。

王阳明的四句教，将人性的本质言简意赅地表达出来，从而提示了我们反思自我、完善自我的基本方法，即：一、体认心之静相（心之体）；二、观照心之动向（意之动）；三、用良知节制心念（良知之知）；四、用良知为善去恶（良知之行），直到“止于至善”。

读

《老子》

“道可道，非常道”：实践是检验真理的唯一标准

《老子》第一章：

> 道可道，非常道；名可名，非常名。无，名天地之始；有，名万物之母。故常无，欲以观其妙；常有，欲以观其徼。此两者，同出而异名。同谓之玄。玄之又玄，众妙之门。

第一句是说，可以用语言表达的道（真理），就不是永恒的真理；可以用语言表达的名（概念），就不是永恒的概念。传说老子晚年西出函谷关，被关尹喜强留作五千言，老子开篇此句告诫我们，真理不是圣人的语录，语言从来不等同于真理，他是内心的领悟、身体力行后的实证，它一定要在实践中把握和证验。

《庄子·天道》所载的“轮扁斫轮”的故事，即是发挥此义：齐桓公读书于堂上，轮扁斫轮于堂下。做轮子的阿扁问：“大王所读何书？”桓公说：“圣贤之书。”“圣贤在乎？”“已死矣。”“然则大王所读之书，圣贤之糟粕矣。”桓公大怒：“寡人读书，轮人

安得有议？有说则免，无说则死。”轮扁说，我削木做车轮子几十年了，不疾不徐，得之于手而应于心，口不能言，有数（道理）存乎其间。我甚至不能把这项技术传授给儿子，又何况别人呢？天下的道理都是这样啊，真正的智慧、技艺都是不可言传的“身体理解”。用语言能表达的只不过是真理粗糙的外壳罢了。所以岳飞对传授他阵图的宗泽说，兵法在于“运用之妙，存乎一心”，不是写一部《武穆遗书》就能传授的。

“道可道，非常道；名可名，非常名”最重要的内涵，用今天的话说就是“实践出真知”，“实践是检验真理的唯一标准”。它的另一层内涵就是，你们千万不要相信某个圣人说的话是真理，即便他讲的是真理也没有什么用。

“无”怎么“生”出“有”来?

《老子》第一章:

> 无,名天地之始;有,名万物之母。

所谓有,是天地的本始。所谓无,是万物的根源。此解有无之义。“有”是一切存在之总名,“有”即是存在。所谓“无”,是一切存在之根源。此即“无中生有”之义。哲学家总想追问万物的根源:万物是从何而来?又归向何处?人言言殊,莫衷一是,甚至落入“鸡生蛋,蛋生鸡”的怪圈不能自拔。万物是“有”分化出来的,“有”之根源一定是“非有”。道家智者把握住一个根本原则:一个事物不能生出他自身,此事物的根源必定非此事物,用公式来表示即:

A 的根源是非 A

非 A 生 A

故“存在”(有)的根源是“非存在”(非有),“非存在”的概念太烦琐，即用“无”来代替。同理，如果“有”的根源是“无”，那“美”的根源是“丑”，“善”的根源是“恶”，“大”的根源是“小”，“有无相生，难易相成。长短相形，高下相倾”（《老子》第二章）。一切矛盾的对立面互为基础，这就陷入超越常识的玄论了。所谓“玄”，即是超越常识。

天下万物生于有，有生于无。（《老子》第四十章）

“有”是存在之总名，万物生于“有”，具体的万物是由存在（有）分化而成。这个“生”是“来源于”的意思，就好比一座山（有），山上有树木、花草、石头（万物），树木、花草、石头（万物）都生于此山（有）。这很好理解。那为什么“有”生于“无”呢?

其实“无”，并不等同于什么都没有，“无”是“有”还未发生的状态。好比云（有）生于气，气又在虚空（无）中化生；婴儿生于父精母血，而当父母未遇时，这个“有”也是一个虚无。因为某种机缘，生命发生了。故“有”生于“无”，“无”需要“因缘”，才能生出“有”。

“天下皆知美之为美，斯恶矣”：没有对比就没有伤害

《老子》第二章：

> 天下皆知美之为美，斯恶矣；皆知善之为善，斯不善已。
>
> 有无相生，难易相成，长短相形，高下相倾，音声相和，前后相随。
>
> 是以圣人处无为之事，行不言之教；万物作而弗始，生而弗有，为而弗恃，功成而弗居。夫唯弗居，是以不去。

第一句说，天下都知道美之所以美，丑的观念也就产生了；都知道善之所以为善，不善的观念也就产生了。这一句有两义：其一是，如果强调美之为美，则势必陷他物为丑，此美为彼丑之根源，因而也可以说美是“恶”的。白居易《长恨歌》写杨贵妃之美曰：回眸一笑百媚生，六宫粉黛无颜色。六宫粉黛是有颜色的，与杨妃一比，就灰头土脸、没有颜色了。杨妃之美，适为众妃之丑的根源。所以，不宜设立美的最高标准，如有标准，则大

多数人都会因此标准而感到压力。

其二是，天下事物对美并无统一的标准。A 认为美的，B 认为不美。东方人以肤白为美，欧美人却渴望皮肤晒成古铜色。《庄子·齐物论》发挥此义说，毛嫱、丽姬是人间的美人，但鱼儿见了她们，潜到水底；鸟儿见了她们，高飞入云；鹿儿见了她们，撒腿就跑。禽兽不以之为美，而以之为恶。天下又哪有统一的美的标准呢？

所谓善与不善亦如此。善总是有特定对象的，一个人对自己太善了，对亲族太善了，而对于别人来说，这即是自私，即是恶。而一个人对天下国家太善了，舍身忘家，这对于他自己和家人来说，也未免太无情。方孝孺被灭九族之时，其亲族难道能无怨言？

由此而推之，天下事理，无论有与无、难与易、长与短、高与下、音与声、前与后，都是相对待而生的，不能执此而非彼。绝对地肯定一方而否定另一方是不合理的、荒谬的事情。

明白了这个道理，我们对于人生就有不一样的思考。所谓有为，即是对某一事物的肯定、奋发而追求。殊不知得此即失彼，得与失相反相成，焉知你所得一定高于所失？政客因圆滑失去诚实，富豪因算计失去温情，名人树大招风，就是体育明星也不免伤病累累。我们怎么能判断他们的所得一定高于所失呢？

所以老子以为“处无为之事，行不言之教”，崇尚的是高于有为的人生态度：无为；或以无为的心态，做有为的事业。这是真正潇洒自在的人生境界。此境界于古今中外有两种类型，第一是功成身退型，第二是生前寂寞型。

前者如鲁仲连，如范蠡、张良，如近代之华盛顿，如当代比尔·盖茨，誉满全球，功在千秋，然视富贵如敝履，谈笑间宠辱偕忘，真有大丈夫境界。

后者如孔夫子、老子、庄子、耶稣，以及历代高人隐士。要说孔子在当时也有盛名，但论起事业了，哪里比得上管仲、晏婴？但由于他们深知“道不行”，自己的事业在当时无法完成。可是没有关系啊，本来就不执着于结果。一代不行就两代三代嘛。一项事业只要有价值，又何惜用百年千年去完成，又何必要在生前了却遗憾。

所以，无为不是消极退缩的人生态度，而是超越有为、比有为更潇洒的人生境界。

“为无为”：有时“不做”比“做”更重要

《老子》第三章：

> 不尚贤，使民不争；不贵难得之货，使民不为盗；不见可欲，使民心不乱。
>
> 是以圣人之治，虚其心，实其腹，弱其志，强其骨。常使民无知无欲。使夫智者不敢为也。为无为，则无不治。

字面上说：不尊崇贤才异能，使人民不争功名；不看重珍品奇货，使人民不起盗心；不让人们看到刺激欲望的事物，使人民不致眼热心乱。因此圣人治理百姓：掏空他们的心思，填满他们的肚皮，弱化他们的欲望，强壮他们的筋骨。使人民没有知识、没有欲望，使那些聪明的人不敢妄作主张。依照无为的原则办事，天下就没有不太平的了。

上章讲明白了有无相生、难易相成的道理，我们对于人生就可以重新思考：处无为之事，行不言之教，比纯粹的有为要高明得多。作为治理国家来说，其道理也是一样的。只要不崇尚所谓的聪明、财富，以及一切人们渴望拥有和享受的东西，尽量减少人民的欲望，减少他们的想法，而想办法填饱他们的肚皮，强壮他们的筋骨，自然太平无事。这是无为在政治上的应用。

无为而治的治国方略今天难以接受。这很正常，在老子的时代，人们只要天下太平、有吃有穿就可以了，物质和精神要求都比较低。而今天的人民已经知道天下有那么多好吃的、好玩的、值得拥有的，当然要发展经济、积累财富来满足我们所有的愿望，最后只能是无限制地消耗地球资源而满足人类的需求。人类已经发展到欲望失控阶段，潘多拉的魔盒已经打开，任何药方都救治不了。

“不见可欲，使民心不乱”一句可以解释当代人的精神困惑，吃饱了喝足了，还经常觉得烦闷。这是为什么呢？原因很简单，资讯太发达，每天都能见到无数“可欲”的内容，目接之而不暇，心逐之而不济，当然会“乱”（烦闷）呀。

“道”只是一个概念

《老子》第四章：

> 道冲，而用之或不盈。渊兮，似万物之宗；挫其锐，解其纷；和其光，同其尘；湛兮似或存。吾不知谁之子，象帝之先。

字面上说，道体是虚空的，而作用又无穷无尽。深沉啊这万物的宗主。钝挫它们的锋芒，消解它们的纠纷，调和它们的光辉，混同它们的埃尘（按，“挫其锐，解其纷；和其光，同其尘”这四句，陈鼓应《老子注译及评介》认为是错简赘文，甚确）。隐约啊似亡而若存。我不知道它从哪里而生，似乎在天帝之前它就存在。

这一章感慨道体的玄深。道并不是一个实体，我们运用它和运用其他任何工具的感觉是完全不同的。与其说我们运用道，不如说道运用我们。就好比我们不能使用道路，只能顺着道路而行。

道恍兮惚兮，幽深无常，它本来就是天地的本始，处在天地之内的人类，又何足以窥见它的端倪。就好像风箱里的老鼠，只有钻出来才知道风箱是什么样子啊。

道其实是人类造出来的概念。道的本义是路。“世间并没有路，走的人多了，也便成了路。”（鲁迅《故事》）同样，世间并没有道，当人类经验证明了世间万事万物的规律性，便坚信整个宇宙存在是有规律的，这即是道。

我们坚信世界有“道”，即是坚信世间是合理的、有规律的，坚信无论当下情形如何，也一定有路可走、有希望可以追寻。从这个意义上，“道”即是信念，即是希望。道，具有宗教性。

“天地”“圣人”皆不仁：老子冷冷地说了句真话

《老子》第五章：

> 天地不仁，以万物为刍狗；圣人不仁，以百姓为刍狗。天地之间，其犹橐籥乎？虚而不屈，动而愈出。多言数穷，不如守中。

天地谈不上仁德，他任凭万物自然生长；圣人无所偏爱，他任凭人民自己发展。天地无所作为，但万物离不开他；圣人无所作为，但百姓都仰赖他。无为（如天地、圣人），正是有为（万物、百姓）所凭借、依赖的啊。

天地之间，就如同一个风箱，虽然空虚不作为，却永远不缺乏力量，一旦发动，生生不息，永不停歇。议论太多、施为太多，如作茧自缚，使自身陷入困境。不如守德于中，静观外物的发展。

在生活的惊涛骇浪中逍遥无为，虽然少了几分惊险与刺激，却多了几分闲适与从容。程颢《秋日偶成》诗:“万物静观皆自得，四时佳兴与人同。”庶几与守中之境近似。

天地谈不上仁德，万物是他的供养;圣人无所谓仁德，百姓是他的供养。天地和万物，圣人和百姓，是相互依赖的存在。没有天地，万物无处存身;没有圣人，百姓无所归依。反过来说，没有万物，天地只是孤零零的存在;没有百姓，圣人也无从获得尊荣。当万物不尊天地，天地不会怜惜他们的存在;当人间摒弃圣贤，百姓会争斗不休，再没有人会管他们的死活。

旧题蔡文姬《胡笳十八拍》:“天不仁兮降乱离，地不仁兮使我逢此时。”是天地有不仁之时矣。

儒家尊天法地，认为天地是仁德的象征。“天何言哉?四时行焉，百物生焉。”(《论语·阳货》)天地化育万物而不自矜其功，这不是仁德是什么呢?可是老子说:天地本来也没想着要化育万物啊，天地只是遵循自然规律运转，然后万物就化育了，这能说天地有仁德吗?孔子、老子的理解都对。孔子是拟人的、文学化的理解，老子则是形而上的、物理学的理解。前者希望天地成为仁德的象征，后者只是描述事实。如此而已。

山谷、洞穴皆是“无”的呈现

《老子》第六章：

> 谷神不死，是谓玄牝。玄牝之门，是谓天地根。绵绵若存，用之不勤。

不死的谷神即是玄牝之门。何谓谷神？王弼注：谷神，谷中央无谷也。无形无影，无逆无违，处卑不动，守静不衰，谷以之成而不见其形，此至物也。处卑而不可得名，故谓天地之根。山谷是一个空的所在，但就是这个空的所在，水气云气光影流通，花草树木生长。没有这个空的所在（谷），生命将在何处立足？这就好像玄牝（产门），是一个空虚却蕴藏能量的所在。她创生万物而无形色，她的力量虽然柔细，却浑厚绵延，用之无尽。

老子既创造了“无”的概念，就要阐述“无”的价值，“无”是一个空空荡荡但又是元气流通、万物生长的所在。山谷、洞穴、河道、产门、穴位、虚静之心、无为而治的帝王，都是“无”在现实中具体的呈现。

“无私”方能“成其私”：老子的话是说给上根器人听的

《老子》第七章：

> 天长地久。天地所以能长且久者，以其不自生，故能长生。是以圣人后其身而身先，外其身而身存。非以其无私邪？故能成其私。

王弼注：“自生则与物争，不自生则物归也。”天地不自生，谓，天地不是为了自己而生，所以能够长生。天地本来就是万物生长的空间，它并没有实体，没有需求和欲望。它容纳、长养万物而不追求自己的存在，反而存在得很长久。人也是这样，凡事后其身（把自己的需要放在后面）反而能获得自己的需要，外其身（把自己置身于事外）反而能保全自己。所以，无私才能成其私。《庄子·山木》：“方舟而济于河，有虚船来触舟，虽有偏心之人不怒。”虚舟的比喻，即是说人不在船上，所以你的船撞了别人、也不会视为故意而怪罪，这就是“外其身而身存”的注脚。

孔子的思想是常理常情，为人类的行为和制度设定标准。老子的思想总是超越常理常情，为上根器者传授妙道。

“上善若水”，“下善如火”

《老子》第八章：

> 上善若水。水善利万物而不争，处众人之所恶，故几于道。居善地，心善渊，与善仁，言善信，政善治，事善能，动善时。夫唯不争，故无尤。

此章以水作喻。最高的道德就像水一样，使万物得利而不争。他处在众人都不屑的卑湿沟渠之中，无怨无悔，为人民造福，这与道德的境界何其相似！人要如水般身处卑微才能安全，人的精神要如水般沉静才能清明，与人交往要诚恳柔顺才能获得知交，言语要真诚守信才能获得信赖，政治要清静无为才能长治久安，处事要灵活通变才能事半功倍，行动要顺应时势才能长保无虞。总之，要与世无争，才会安全无过失。

老子的思想看似与常识常理不合。处在卑位哪里就安全了？哪里就长久了？如果是这样，人们为什么还要拼命往上爬？请注意，老子的言说对象是贵族、是上根器之人，他的意思是：如果你已经处在高位，那你一定要有所戒惧，你一定要把自己放低。高位者已经拥有太多，已经是众目睽睽、众矢之的，如果不加收敛，趾高气扬，只怕你也很难在高位上坐太久。孔子也说“富而无骄”不如“富而好礼”（《论语·学而》），与“上善若水”的道理也是相通的。

处高位者要像水那样谦退自守；处低位者，要像火一样奋斗挣扎自强不息，万不可故作姿态软弱退缩。上善要如水，下善要如火，自然之理也。

“功成身退”，功不成奋斗不止

《老子》第九章：

> 持而盈之，不如（一作知）其已。揣而锐之，不可长保。金玉满堂，莫之能守。富贵而骄，自遗其咎。功遂身退，天之道。

追求圆满，不如放手；锋芒毕露，难保长久；金玉满屋，谁能永藏；富贵骄纵，自招祸殃；功成身退，天道恒常。《老子》的言说对象是上根器的贵族或者成功人士。若是普通人，何来金玉满堂？何来功成身退？所以，在下位者要竞争奋发，在上位者要无为退守，自然之理也。

祖师爷都死了，道教还在宣扬“不死”神话

《老子》第十章：

载营魄抱一，能无离乎？专（一作抟）气致柔，能如婴儿乎？涤除玄览，能无疵乎？爱民治国，能无为乎？天门开阖，能为雌乎？明白四达，能无知乎？生之畜之，生而不有，为而不恃，长而不宰，是谓玄德。

营魄就是魂魄。古人认为，人有三魂七魄，魂是人的精神的来源，魄是人的形体的来源。魂与魄在一起，就有了生命；魂魄相离，人就死掉了。老子问，精神和形体能始终合一，永远不分离吗？换句话意思就是，人能不能长生不老呢？看起来不可能。老子又继续问：人能否聚结精气不丧失，体态柔顺面目润泽如婴儿呢？换句话意思就是，人能够永葆年轻吗？看起来也不能。《庄子·养生主》讲到老子去世、秦失去吊唁他的故事；《庄子·列御寇》又讲到庄子自己将死，弟子为他造棺椁的故事。道

家祖师爷都一个个像凡人一样死去，道教却用长生当噱头招揽徒众，不是很可笑吗？

接下来几句，同样问的是几乎不可能做到的事情：精神能专一不分散，思想永远保持清明吗？人能够用无为的方法治国、君臣上下都满意吗？人能够不与外物相接触，就能洞悉世情吗？人能够不用思考就通达事理吗？这些事情看起来都难以做到，但如果懂得自然的奥妙，也就可以勉力为之了。

创造它、养育它，拥有而不依恃，创造但不占有，掌控但不支配。有了这样的境界，前面所问的修养境界也就不难达到了。

刘备字“玄德”，玄德即是“生而不有，为而不恃，长而不宰”，这样是德行完“备”的状态。刘备的早期作为，大有“玄德”风范，仁厚谦抑，功成不居。可惜到了西蜀后，志得意满，骄躁易怒，一朝失利就崩于白帝城了。

修桥补路，“无用之用”

《老子》第十一章：

> 三十辐同一毂，当其无，有车之用。埏埴以为器，当其无，有器之用也。凿户牖以为室，当其无，有室之用也。故有之以为利，无之以为用。

此章讲无用之用。三十根辐条集于一个车轴，轴必须是中空的，才能插入轴承，马车才能跑起来。抟揉陶土作器皿，必须做成中空的，才能盛放物品。凿户开窗，架木敷泥，营造房屋，最终还是要留出开阔的空间，才能让人居住。所以我们认识到实的作用，也要认识到虚的作用，虚和实配合起来才能有用。“要致富，先修路”的思想是对的，“一带一路”倡议的提出，是非常伟大和了不起的。先不说你能做成什么产品，先要让人、物、财、信息在完善的道路系统中流通起来，在流通的过程中自然产生好的产品。“先修路”即是灵活利用道家“有之以为利，无之以为用”思想的典型案例。

庄子对惠施说:“天地非不广且大也,人之所用容足耳。然则厕足而垫之致黄泉,人尚有用乎?”(《庄子·外物》)人所站立之地只是大地之一角,但将此一角之外全部凿空,人还能站立得住吗?

世间之宗教、文艺、学术,欲明其用,皆可作如是解。

低能耗、少欲望、不发展才是老子的社会理想

《老子》第十二章：

五色令人目盲，五音令人耳聋，五味令人口爽，驰骋田猎令人心发狂，难得之货令人行妨。是以圣人之治，为腹而不为目，故去彼取此。

魏源《老子本义》：爽，差也。谓失正味也。视久则眩，听繁则惑，尝多则厌，心不定故发狂，不知足以取辱，故行妨。

此章明去欲守中之义。色彩缤纷使人目盲，五音繁会使人耳聋，滋味鲜美使人味伤，驰骋行猎使人心狂，奇珍宝货使人意乱神迷。老子的预言，在今日验证了。物质越丰富，精神危机越深重：1. 压力。高度竞争的学习和生活环境给每个人造成极大的压力；2. 狂躁。越来越多的生活享乐方式，使我们无论多么努力地赚钱，也无法满足越来越丰富的生活享乐方式；3. 价值虚无。越来越多的人，不知道自己是为何而活；4. 无力感和被控制感。被

他人规划和控制的人生，削弱了人生的动力，并且常常感觉自己被无形之手控制着。

老子主张建设低能耗的、少欲望的、不发展的简单社会。“小国寡民。使有什伯之器而不用；使民重死而不远徙；虽有舟楫，无所乘之；虽有甲兵，无所陈之；使民复结绳而用之。甘其食，美其服，安其居，乐其俗。邻国相望，鸡犬之声相闻，民至老死，不相往来。”（《老子》第八十章）这样的乡村乌托邦听起来非常美好，在世界的某些偏僻角落，也仍然存在着这样的村庄。但是那些乡民，是不是真的很幸福呢？

警惕突如其来的“宠”与“辱”

《老子》第十三章：

> 宠辱若惊，贵大患若身。何谓宠辱若惊？宠为下（一作宠为上，辱为下），得之若惊，失之若惊，是谓宠辱若惊。何谓贵大患若身？吾所以有大患者，为吾有身。及吾无身，吾有何患？故贵以身为天下，若可寄天下。爱以身为天下，若可托天下。

“宠辱若惊”，是说受宠或受辱都要戒惧。一般人受宠则喜，受辱则恨，殊不知受辱可能是发愤之契机，受宠却是灾殃之伏笔。韩信能受胯下之辱，故能成兴汉之业；弥子瑕有分桃之宠，然后有放逐之殃。

“贵大患若身”，是说生命和忧患都必须重视。为什么必须重视生命与忧患，二者又有何内在的联系呢？忧患即是得失，有得失则忧患至，忧患至则身不安。故忧患起于得失，得失起于有我（有身）。如果完全没有自我（身），就不会有得失之念，也就不会有忧患了。没有得失和忧患，即获得了自在的生命（逍遥）。——没有自我即没有得失，没有得失即没有忧患，没有忧患则我自在了。庄子有“虚舟”之喻，无人驾驶的船，可以在水上横行。为什么呢？没有忧患，即便撞到人也没有责任、无人怪罪。“只见火光烧润屋，不闻风浪覆虚舟”，白居易的诗即在发明此义。

“吾所以有大患者，为吾有身。及吾无身，吾有何患？”人所忧患的，就是这个“身”，它要维持自身、发展自身、享受自身，这个心就得不停地奔波经营，最后把自己累死。《佛说八大人觉经》：“多欲为苦，生死疲劳。”也是这个意思。东坡词：“长恨此身非我有，何时忘却营营。”（《临江仙·夜归临皋》）是渴望这个“身”与这个“我”不必联系在一块——不要有“生命是属于我自己的”这个意识，而是“生命属于自然，不属于任何一个人”，那这样，我们就可以堂而皇之的、无忧无虑地、没心没肺地幸福生活了。

生命不属于我，那我就可以不为自己的生命负责了？随便怎样都行？那岂不是自暴自弃、没心没肺？这听起来也不合常理。是的。鲁迅所批判的精神胜利法，就是这种不负责任的、麻木的、混沌的、没心没肺的精神样态。这当然是不好的。但请注意，老子的思想是生命的“药物”，孔子的思想是生命的“粮食”。粮食维持日常生活，药物是在特殊情境下挽救生命。如果你的生命是在正常状态下，那你要用儒家的仁义礼智信来塑造自己，要修身齐家治国平天下，一步步达到生命的理想状态。但如果你处在压力、焦虑、彷徨，处在被过剩欲望折磨的“病态生命”之中，你可以尝试一下老子开的生命药方。阿 Q 连基本的生存需求都未满足，哪有过剩的欲望？他哪有生命的压力、焦虑和思想的彷徨，就胡乱抓了一副精神胜利的“药”当“粮食”，最后被糊里糊涂地砍了头，这不是老子的“药”有错，而是社会没有给阿 Q 提供足够的“粮食”造成的。

“故贵以身为天下，若可寄天下；爱以身为天下，若可托天下。”如果你将自己的生命都管不好，每天无比焦虑、压力山大，怎么可能把天下管好？人民又怎么放心把天下交给你？只有你尊重并透彻理解了自己的生命，知道生命和天下是一体，用这个不焦虑的心寄于天下之中，天下人也就不焦虑了。天下人知道你是将天下当作自己的身来爱护，他们也就放心地将天下托付给你了。

忘却得失者可以无忧患，忘却自我者可以治一身，忘却天下者可以治天下。能消除得失之念，即可周游于天下而无忧；若能忘身兼忘天下，人民才乐于将天下托付给他。

“实”与“动”太寻常，所以只谈“虚”与“静”

《老子》第十六章：

致虚极，守静笃，万物并作，吾以观复。夫物芸芸，各复归其根。归根曰静，是曰复命，复命曰常，知常曰明，不知常，妄作，凶。知常容，容乃公，公乃王，王乃天，天乃道，道乃久，没身不殆。

万物皆实，其源在虚；万象皆动，其根在静。老子并非不知实与动之重要，但“人所易言，我寡言之”（姜夔《白石道人诗说》）。高明的哲人，往往只表述常人不知道、不明白、说不出的思想，但这并不表示他们对常识常情不理解。“实”与“动”是重要的，但大家都了解，所以老子只谈“虚”与“静’。“静故了群动，空（虚）故纳万境”（苏轼《送参寥师》），心灵虚寂，才能容纳万有；神气清静，才能照见纷纭实象。“重为轻根，静为躁君”（《老子》第二十六章），在虚实动静、往复循环的系统中，静既是起点又是终点。能观其循环、能将生命调理成低能耗的自循环系统，吾人才能洞悉运命之规律，成为生命的主宰。

随缘顺势曰常，自知知人曰明。既无自知之明，又不能随缘顺势，侥幸妄作，则必遭凶险。

能知（生命本来虚无）则能容，能容（万物）则无私，无私者方可为人之君长。凡为人之君长者，必有与天合德、与道合一之志。位高、任重者，其德必高，才能长久。但历来君王，其德往往不胜其位、不胜其任，终究殁身而殆。

领导艺术的四个层次

《老子》第十七章：

> 太上不知有之，其次亲而誉之，其次畏之，其次侮之，信不足焉，有不信焉。悠兮其贵言。功成事遂，百姓皆谓我自然。

老子讲领导艺术的四个层次：最好的统治者，很轻松地治理天下，而人民仿佛不知道他的存在；其次的统治者，为国家尽心竭力，鞠躬尽瘁，死而后已，赢得人民的尊敬和赞誉；再次的统治者，以威权凌人，以刑赏畏人，人民惧之如虎，只好乖乖就范；最次的统治者，无心治国，昏庸错乱，胡作非为，所以人们轻蔑它，天下也就大乱了。获得人民的信心是治国之基础。如孔子所言："自古皆有死，民无信不立。"（《论语·颜渊》）

最高的统治艺术真是太美了、太悠闲了，他们轻描淡写地将国家治理得井井有条，虽然功盖天下，但人民并不因此感谢他们，反而认为世界本来就是如此美好——这才是统治艺术的最高境界。

世上真有这样悠闲、美的统治艺术吗？也许老子描述的只是理想状态。但在统治和管理实践中，有些领导者只需运筹帷幄就能御敌千里之外，有些领导者事必躬亲最后还功败身死，这是不是与他们的领导艺术有一定关系呢？

算法思维是人类的灾难

《老子》第十八章：

> 大道废，有仁义。慧智出，有大伪。六亲不合，有孝慈。国家昏乱，有忠臣。

大道被废弃，于是出现了仁义；人变得聪明灵巧，就会变得狡狯虚伪；家庭陷入危机，才会提倡所谓孝慈。国家陷于昏乱，才会有忠臣挺身而出。

《庄子·天地》中讲到这样一个故事："子贡南游于楚，反于晋，过汉阴，见一丈人方将为圃畦，凿隧而入井，抱瓮而出灌"，用力甚多而见功寡。子贡很同情丈人，向丈人推荐一种机械设备，可以既省力又提高灌园的效率，但丈人不但不感激，反而教训子贡说："吾闻之吾师，有机械者必有机事，有机事者必有机心。机心存于胸中，则纯白不备。纯白不备，则神生不定。神生不定者，道之所不载也。吾非不知，羞而不为也。"道家目光如炬，看问题都在最根本的地方。机械并不能让人具有机心，但一旦人们意识到机械的巨大作用，就会将精力用在机械设备的创制当中，一种以“计算、测量、逻辑、建造”为核心的功利思维就会成为人类思维的主要方面，纯任自然的天性就会因此被威胁、压迫、挤出、退隐乃至消失。见微知著，不从机心萌生之端倪掐住，等机心成长壮大，就再也无从限制了。

当代活跃的一些网络热词，比如“颜值”“算法”“笑点”，当人的外貌都可以量化为数字，当人类开始以“算法”较量高下，人离机器还有多远呢？

可以不发展，但不能被奴役

《老子》第十九章：

> 绝圣弃智，民利百倍。绝仁弃义，民复孝慈。绝巧弃利，盗贼无有。此三者以为文不足，故令有所属。见素抱朴，少私寡欲。

统治者不用聪明和智慧，百姓才会因此获利；不要宣传仁义的高调，老百姓才能回复淳厚与孝慈；不玩弄技巧，不追逐利益，这样就不会盗贼蜂起。巧智、仁义、巧利都容易使人陷入华而不实，所以我将其抛弃，代之以根本性的解救之道，那就是，简朴单纯，无私无欲。

王弼注：“圣智，才之善也；仁义，人之善也；巧利，用之善也。而直云绝。”为什么要绝去圣智、仁义、巧利这些“善者”？因为这些“善者”都是诱惑人民进取、竞争的方糖。有进取就有挫败，有竞争就有压力。我们为什么要设计出产生挫败、产生压力的东西呢？它们能叫“善者”吗？老庄思想对产生“心为形役”的任何可能性都很警惕——可以不发展，但不能被奴役。

绝学无忧，拒绝“前见”

《老子》第二十章：

> 绝学无忧。唯之与阿，相去几何？善之与恶，相去若何？人之所畏，不可不畏。荒兮，其未央哉。众人熙熙，如享太牢，如春登台。我独泊兮，其未兆，如婴儿之未孩。儽儽兮，若无所归，众人皆有余，而我独若遗，我愚人之心也哉，沌沌兮。俗人昭昭，我独昏昏。俗人察察，我独闷闷。澹兮其若海，飂兮若无止。众人皆有以，而我独顽似鄙。我独异于人，而贵食母。

圣智、仁义、巧利被“绝”了，最后还要绝“学”。“学”是孔夫子最为津津乐道的，“吾十有五而志于学”，“学而不厌”，“学而不思则罔”，《论语》是一本“劝学”宝典。老子则要绝“学”，为什么？老子为什么处处与孔子抬杠？难怪钱穆先生疑心《道德经》成书于孔子之后——总是先有立论者才会有抬杠者啊。

其实孔子的思想是商周思想的集大成，周代设庠序（学校），《尚书》中也处处强调“学”。老子不是抬孔子的杠，而是抬周代文化的杠。有“学”就有识；有识就会有定见；有定见，就会形成权威思想；有权威思想，就会奴役人。

你怎么知道某种权威思想一定是正确的呢？你怎么知道书上记载的一定是事实呢？老庄思想中与生俱来即有怀疑和批判精神。“从来如此，便对么？”“周公说的，便对么？”老庄要用人类原始经验和原始思维求真知，拒绝任何权威思想的介入，老子是否在二千多年前，就深刻觉察到了“前见”对真知会产生严重干扰呢？

东坡云，“人生识字忧患始”（《赠张君》其二），能识字就会有学问，有学问就开始有分别心。学问在于区分是非善恶，可是与非相差能有多少？善与恶其区别又有几许？有无相生，长短相形，高下相倾，音声相和，一切对立的东西内在却是统一的，天下又哪里有绝对的善恶是非呢？但如果世人约定俗成，定下是非善恶的规矩，那你也就不得不信奉遵行了。远古既已如此，今后还将继续发展。唉，这世界不知道被人为的观念割裂成什么样子！千百年后，谁还知道那无差别的浑沌的道是什么样子呢？不过人们是不在乎的。他们照样无忧无虑，欢天喜地，如登春台，如享盛宴，沉浸在被观念加工过的人文世界里欣欣然。只有我失魂落魄，好像遗失最重要的东西。在他们看来，我这愚人之心始终是与浑沌相守。是啊，人们都很明白，只有我是糊涂的；人们都很精明，只有我是笨拙的。道像辽阔无边的大海，又如袅袅不尽的的长风，我很固执地要追求道，守住生命起源处的根本，而这样的坚守，在越来越聪明越来越会算计的智人看来，是多么的迂阔而遥远。

读

《庄子》

庄子何为

相比于稷下黄老学派在战国秦汉的尊荣，庄周只是“在僻处自说”（朱熹语，见《朱子语类》卷一二五）的孤独的思想家，与之同时的孟子并未提到他，年代稍后的荀子倒是提到了，不过只是冷冷地刺了一句“庄子蔽于天而不知人”（《荀子·解蔽》）。看来并不实用的庄子哲学在当时的确很寂寞。然而六百年后，当稷下学宫早已长满了荒草，庄周的声誉才刚刚开始。

《史记》记载庄子是“蒙人”。蒙城在哪里？一说河南商丘，从庄子与惠施经常活动的地域看，“商丘说”有一定道理；一说在安徽蒙城。在一个学术会议上，有学者力主“蒙”即是安徽蒙城，因为这个会议是蒙城县委资助的。有学者举证说蒙城自古养牛业发达，《庄子·外物》讲到任公子蹲在会稽山上，用了五十头巨犗（巨牛）作钓饵，才钓起可以使海边民食三年的巨鳌。养牛业不发达，何以能用牛作饵呢？所以今日蒙城出产的牛肉干曰“庄子牌牛肉干”。闻者大笑。又有崔大华先生提出“庄子楚公族后裔”的假说，崔先生以为庄周乃是楚国流亡公族的后裔，是流亡到宋国的楚人。这种假设解决了庄子的楚文化背景问题，但还是缺乏充分的事实依据（参见崔大华《庄学研究》）。

《汉书·艺文志》著录庄子五十二篇。汉人兴儒术，很少谈论庄周。魏晋时庄学风靡，但《庄子》篇目却减少十几篇。原来向秀、郭象注庄子，各以意去取。向秀注的只有二十六篇，郭象注的有三十三篇，有些篇目因不合他们的思想而被删除。今天我们读到的就是郭象注的三十三篇。清代姚鼐对向、郭删注《庄子》大为不满，并以为郭象注“特正始以来所谓清言耳，于周之意十失其四五”（《庄子章义序》）。这样的批评是值得注意的。

今传三十三篇中，有内、外、杂之分。现代学者一般认为，内篇为庄子自著，外篇、杂篇大概是庄子后学所作。但《史记》列举庄子篇目有《渔父》《盗跖》《胠箧》之属，都在外、杂篇，看来这个问题还难确证。刘笑敢对此问题的研究方法很独特，他说内篇常以道、德、命、精、神等单音节词为哲学概念，外、杂篇则演变为使用道德、性命、精神等复合词，根据复合词晚于单音词出现的语言学规律，内篇和外杂篇的写作并不同时是可以确定的（参见刘笑敢《庄子哲学及其演变》）。

庄周大概是很愤世嫉俗的人。他认为整个社会礼崩乐坏、朽烂不堪、不可救药，儒家、墨家已无所作为，回归自然是唯一选择。庄子对于社会人生颇有些悲观。社会纷乱如此，人生不自由如彼，“无所逃于天地之间”（《人间世》），“可不谓大哀乎”（《齐物论》）！即便用仁义礼法来拯救，也徒然是幻想，因为在当时“窃钩者诛，窃国者为诸侯。诸侯之门，仁义存焉”，“田成子一旦杀齐君而盗其国，所盗者岂独其国邪？并与其圣知之法而盗之”（《胠箧》），圣知之法又哪里有行其道的余地呢？当时一般士人以功名为事，苏秦、张仪辈以为“人生世上，势位富贵，盍可忽乎哉”（《战国策·秦策一》）。庄周则以曹商为秦王舐痔得禄为耻。他自己对做官毫无兴趣。楚王来徵召，他对使臣说：“吾闻楚有神龟，死已三千岁矣，王以巾笥而藏之庙堂之上。此龟者，宁其死为留骨而贵乎？宁其生而曳尾于涂中乎？”二大夫曰：“宁生而曳尾涂中。”庄子曰：“往矣，吾将曳尾于涂中。”（《秋水》）他是宁可肮脏低贱也要自由自在的。

庄周以为世间争端之根源，一在逐利求名之欲，所以庄子要讲清高；二在成心我执之迷，所以他要“齐物”。他说：“物无非彼，物无非是。自彼则不见，自知则知之。”（《齐物论》）循主观，拘成见，哪里能窥见大道呢？若只以自我为中心裁断是非，就连盗跖也可以说出“盗亦有道”的大道理呢：“夫妄意室中之藏，圣也；入先，勇也；出后，义也；知可否，知也；分均，仁也。”（《胠箧》）那些满口仁义礼乐的统治者，对于人民来说，只是一个大的抢劫集团而已。孔子在威风八面的盗跖面前，战战兢兢，汗不敢出。儒家知识分子的命运，正是在帝王强盗们的淫威下痛苦地呻吟挣扎。

庄子在政治上主张回归自然，在人生的追求上，则积极求道，他希望通过一定的修炼方式，以求成为至人神人，吸风饮露，不食五谷，物不能伤，这是可以藐视一切的“自由的巨人”。庄子发明了“心斋”“坐忘”等功夫法门，以为可以循序渐进地达此神奇之境。至人、神人固然视尧舜如尘垢粃糠，就是连生死也可以齐一了。庄周梦为蝴蝶，时而“栩栩然胡蝶也”，又时而“蘧蘧然周也”，“不知周之梦为胡蝶与？胡蝶之梦为周与”（《齐物论》）？他以为生与死只如同梦里梦外一般罢了。《至乐》篇中讲庄子遇一髑髅，他用马杖敲着髑髅头说：“吾使司命复生子形，为子骨肉肌肤，反子父母、妻子、闾里、知识，子欲之乎？”髑髅深矉蹙頞曰：“吾安能弃南面王乐而复为人间之劳乎？”一般人讲生比死好，庄周讲死比生好。其实生亦何欢，死亦何惧？一切随顺自然而已。

对于死后的安排，庄生更是放达，他说自己死后不必做棺材，他要“以天地为棺椁，以日月为连璧，星辰为珠玑，万物为赍送”，可是弟子们说：“吾恐乌鸢之食夫子也。”庄子曰：“在上为乌鸢食，在下为蝼蚁食。”死后反正要被吃掉，为什么要将我送给蝼蚁吃不给乌鸦和老鹰吃呢？（《列御寇》）儒家慎终追远，于生死之际一丝不苟，曾子“易箦”，临死还要将不合乎身份的席子换下来，相比于庄子，是不是太拘执了呢？

庄周嬉笑怒骂，很有些魏晋风度的样板了。魏晋士人任诞通脱，的确有些庄生的模样。但魏晋名士大多对时代的苦难麻木不仁，任意追求物欲情欲的享受，而庄周清高避世，淡泊寡欲，他对庖丁、轮扁都抱有相当的尊重，对叔山无趾、哀骀它也抱有相当的同情，庄子既愤世嫉俗，又悲天悯人，境界直追佛老，怎肯与魏晋名士同席？

魏晋思潮辗转演变为晚明的颓放任达与玩物丧志，成为亡国亡家的思想罪魁；庄周思想在民间演化为阿 Q 式精神胜利法而受到挞伐。思想演变，有时候是后出转精，有时候是每况愈下。我们不能因为刘禅不肖，就苛责玄德；也不能因为今日希腊的衰落，而对其往日的辉煌抱有疑问。

今天我们提到庄子，总感觉他那种颓放潇洒、我行我素的风仪，倒与当下流行的自我中心主义、快感主义很契合，对此我倒要特别指出：庄子的人生观是积极求道，以求达到超脱悠远的人生境界，并不是消极避世与颓放自适；庄子的真实人生是不知疲倦的传道活动，并没有寝卧于无何有之乡的大树下的轻松；你看他到处讲学、论辩、游历、传道，出入庙堂之上，混迹于贩夫走卒之间，容颜憔悴，面目黧黑，家无斗米之储，室无隔夜之炊，仍然诲人不倦，苦口婆心，这样的古道热肠，在他深刻的思辩与孤峭的谈锋中若隐若现，你若是读不出，是不是也和惠施一样有“蓬塞之心”呢？

说“逍遥”

逍遥即是自由，逍遥是境界的描述，是人在解决了人生的基本问题后，心胸洒落空明的一种状态。这种状态具体如何，历代修道者、宗教修行者都有描述。（可参考王阳明龙场悟道故事或铃木大拙关于顿悟的描述，见《禅宗与精神分析》一书）现实生活中，艺术家的灵感体验，运动员超越极限后的自由感或接近于逍遥。

真正的问题不是逍遥与自由的关系，而是自由与自然的关系。道家认为只有高度的自然状态才能够获得持久的逍遥。而自然状态的获得应该包涵认知、生理和精神各个层面，因而是相当不易的。

精神自由与意识虚无联系在一起，只有虚无才能自由。虚无是在创造“充满的可能”，一旦充满就不自由了。就好像一只装满水的桶就是不自由的（无法再装填任何东西），而空的桶则相对自由（可以装填任何东西）。

意识虚无是意识的自然状态（即是纯粹意识、无意识），无意识（没有内容的意识）与自然是一体的，它不依赖认知与自然相联系（认知即有内容，认知只能获得自然的表相），而是：自然存在，它也存在，是从存在的实感上与自然相联系。

我们要知道，一般人对世界的认知是被建构出来的，在建构世界的同时也建构了自己的意识，这使得世界和意识两者都背离了它本然的状态。首先，我们所认识的世界是虚假的，是凭着自己的感知力和思考力来描述世界的样子，可是自然的样子并不等于自然本身（就如同你的照片不等于你自己一样）；其次，我们的意识也因了这种建构而变得虚伪而沉重。我们自以为认识了世界，而事实上只认识了我们意识的内容（就好像我们说天是蓝的，可是这蓝只属于你的眼睛，而不属于天空），我们背着各种观念在世间行走，它们好像一大堆笨重的行李，妨碍了我们人生的旅行。

所以，道家发明了一种方法，让意识回到它本身，世界因此更加真实。这种方法好像丢包袱一样简单而有用，即：将你的价值观丢弃，将你自以为是的认知忘却，将你人生中种种欲望和感受，甚至各种奇异的想法也彻底丢弃。这好像是一次大扫除，把房间里所有的东西清空，这房子的本来面目也就呈露了。

在丢弃的同时，我们会发现这些观念（意识）的本质，从而对它进行更深刻的思考。（就好像一个失恋的年轻人放弃一段感情的时候，突然对感情的本质有所领悟。）所以，放弃的过程是真正意义上的思考（反思），而放弃的结果是使你回到你的本真状态，这时候你的感受可能是：

很轻松，就好像经过长途跋涉之后，终于回到温暖的家。

很幸福，由于认识到了人生本来虚无，这时候再拥有哪怕一丝一毫的关爱都会特别感念（就像在战场上从死人堆里爬出来重拾生命的阳光一样）。

很美，由于你并不靠着认知（理智）和世界联系，而是在存在本身的层面上和世界一体，因此一花一草、山川日月都好像是你相依相伴的朋友，自然的生命向你呈现得特别鲜亮、特别美。

拥有智慧和力量。这种彻底回归真实的体验，你会拥有无私无畏的品质，你会洞悉人性，用纯粹客观的立场参透历史和社会发展的规律，由此你可以驾驭人和社会，做出有利于它们的事情。

所以，简而言之，逍遥是解决了人生基本问题之后的一种自由感。意识虚无状态是回归到意识的本来面目，这种回归使人的精神是从存在层面而不是感知层面与自然紧紧地联系在一起，这种联系是真实的。

《逍遥游》：更上一层的人生境界

北冥有鱼，其名为鲲。鲲之大，不知其几千里也。化而为鸟，其名为鹏。鹏之背，不知其几千里也。怒而飞，其翼若垂天之云。是鸟也，海运则将徙于南冥。南冥者，天池也。

读《逍遥游》开篇，给我们一种震惊的效果：鲲鹏的巨大、变幻以及非凡的伟力。他的巨大是超出人类想象力的巨大，他的变幻是超出人类想象力的变幻，他的伟力是超出人类想象力的伟力。匍匐在地上的人们不禁要追问，这样硕大的大鹏，到底从何处来，到底在追求什么呢？人们仰视太空，只见一片苍苍之色，而大鹏以巨大的身躯，翔于尘世之外，他与天同在，难道还会以天之苍苍为神秘不可测吗？他视人间之事如芥草，只是野马、尘埃之气在弥漫，还会如人们一般斤斤计较鸡虫得失吗？俗人患得患失，处于极高境界的人只会付之淡淡一笑。这难道不就是超脱吗？

再来一个小小的类比，大海行巨轮，杯水浮芥草，杯水中不能浮巨轮，渺小的心胸如何能装得下伟大的事业？积风不厚，则不足以负大翼；心志未开，则不足以行千里。庄子所追求的无待的自由，更是需要求道的决心、超凡的解悟和不断精进的功夫啊。蜩与学鸠跳荡树枝间，嘲笑大鹏飞上青天也不过如此。是啊，走远路的是比较辛苦，可是他们能看到不一样的壮美的景色。体道的追求虽然艰辛和渺茫，可是他所获得的境界却超过任何俗世的享受。朝菌、蟪蛄生命短暂，可怜他们连春秋是如何都不知道啊。人类以百岁为高寿，而对于大椿却不值一哂。那些拘执于狭小、琐碎、功利人生观的人们啊，哪里会知道生命有如许的超脱、潇洒、奔放与自由啊！

儒家知识分子以其知识道德而傲然，其实也是拘执于尘世间打转转，根本跳不出世俗的牢笼。有些人能够不为他人的劝阻所左右，宠辱不惊，已经到达一定的境界了。可是还很不够。道家的贤人能御风而行，轻妙而潇洒，能够在天上飞翔十五天，这也已经很少见了。但他仍然要凭借风，这还是有所待的自由。而我要追求的，是那无待的自由啊！

可是，这种无待自由的心境究竟有什么作用呢？有人自然要提出这样的问题。尧让天下于许由，说自己心胸渺小，自视缺然，故欲致天下于许由。可是许由说鹪鹩巢于深林，不过一枝；偃鼠饮河，不过满腹。天下于我何有哉？无待的心灵自在自主，可以拒绝任何诱惑，这难道不是一种用吗？藐姑射之山的神人吸风饮露，不食五谷，万物不能伤，如此美妙的境界，尧舜与之相比，犹如尘垢秕糠。无待自由的心胸使生命自身充实高妙，物不能伤——这难道不是大用吗？

可怜世人对此浑然不解，拙于用大而斤斤于用小。北方宋国的人来到南方的越国贩卖章甫（衣冠），越人断发文身，无所用之；有种保护手不皲裂之药，有人拿它世世为人浆洗衣服，有人拿它献给吴王裂土封侯——斤斤用小的人又哪里知道大用的神奇呢？性分不同，有用无用的意义也相异啊！小人用小，大人用大，无待的精神自由即是世人不能理解的大用啊。善辩的惠施仍以逍遥之境为屠龙之技，只是谬悠之说、荒唐之言，于现实无所用之，他也是被茅草塞住性灵的聪明小人啊。

至此，逍遥义其实已较为清楚。逍遥是精神的无待的自由，正是庄子认为人生最值得追求的内容。本章开宗明义，重在标示逍遥之高妙境界，激发世人求道之心。我常将《庄子》概括为境界、义理、功夫三种层面。庄周根据人之性分不同，或境界高妙，或思辩玄深，或指点功夫，观机逗教，机变万端，然归根到底还是劝勉人们以获得精神之自由为人生要义。

逍遥义如此明白昭章，然世人仍多误解，现立三义以辨之：

一、逍遥游是鼓励人们积极求道而非消极避世。

二、逍遥游与所谓"孔颜乐处"有相通处，然归根到底庄周以为儒家理想太功利，境界太狭小。

三、郭象以"自适"解逍遥有缺陷，魏晋名士不足以名逍遥。

"读《庄子》，令人意宽、思大、敢作！"（吕本中《童蒙诗训》）我读《逍遥游》常觉其向上之气机，它豪放而深刻，悠远而执着，诡异而昭明，在矛盾混沌中蕴蓄浑厚渊深的道之真机。世人常以庄子消极避世，避世何足以尽庄子之意！庄子根本是积极求道。台湾学者吴怡解《逍遥游》云：

> 把鲲鹏拿来象征人世，鲲化为鹏的历程，说明一个人在成为至人、神人或圣人之前的一段修炼功夫。这条鲲在北冥中由小变为大，正同我们在人世间的求学与奋斗，唯有一点一滴的努力，才有一点一滴的成就，也唯有一点一滴的成就，才使我们慢慢的经验丰富了，知识渊博了，意志坚强了，而变成一位巨人，从世俗中脱颖而出。（《从〈逍遥游〉一文看庄子逍遥的境界与功夫》，参见《逍遥的庄子》，台北东大图书公司 1991 年版）

解说朴实，态度明确。庄子正是要通过求道使自己成为精神自由的巨人，同时又希望将求道之种种方法传授给周围的人。人之智愚不同，传道之法门各异，庄周的才气于此得到恰当的运用，他苦心孤诣发明寓言、重言、卮言的传道策略，也使我们看到了他貌似孤峭、实则仁厚的另一面。

逍遥是自由，也是至乐。藐姑射之山的神人，乘天地之正，御六气之辩，游于无穷，此是高妙轻灵、充实光辉的境界，天下之士无不神往。儒家学者也有形容道德最高境界为孔颜乐处，所谓“发愤忘食，乐以忘忧”(《论语·述而》)，所谓“从心所欲不逾矩”(《论语·为政》)。甚至以此解逍遥。林希逸《庄子鬳斋口义》说：“游者，心有天游。逍遥言优游自在也。《论语》之门人形容夫子，只一乐字。……此之所谓逍遥游，即《诗》与《论语》所谓乐也。”所以逍遥“只是形容胸中广大之乐”。如此儒道至境可以相齐了。东坡以为庄周外道内儒，以为“庄子盖助孔子者”，“庄子之言，皆实予而文不予，阳挤而阴助之”(《庄子祠堂记》)。钟泰先生《庄子发微》亦作如是观。晚明钱澄之《庄屈合诂》将庄子与屈原并论，以庄子为义命自处的儒者，胡文英《庄子独见》以为“庄子最是深情”，“三闾之哀怨在一时，而漆园之哀怨在万世”。以儒解庄，宋代以后往往有之，或嫌于过度诠释。然而我以为庄子文章确有极诡异处，庄周之性情确有极正大处，不诡异不足以言玄，不正大者不足以言道也。孔颜乐处与逍遥境界在情态上有相通处，亦有相异处。人至道德境界，则自由即是道德，凡行事与道德相合者，宠辱不惊，生死不恨，以道德为自由，此是孔颜乐处。而庄子的逍遥亦是以道德为自由，然此道德内涵与儒者不同。庄子逍遥义中，还有在乱世中解除人生桎梏的手段，这种自由是一种“能力”，它随功夫进境一层深似一层，可以说比儒家道德境界更具主动性。在观念上，庄周以为，儒家以礼乐仁爱来救世虽然可敬，终属可叹。不识时务，误人误己。儒者的努力，最终只为权势者所借用。诚实儒者，要么是随波逐流，要么杀身成仁。(见《人间世》)这样的道德实践实在太具悲剧性且无意义，不足取法。

庄子用大鹏作喻，意谓只有将心灵跃升至高妙的境界，对世间事才能有翻天覆地的透彻理解。大鹏是一个超越世俗的象征。鷦鷯、斥鴳、偃鼠则是那些画地为牢、拓不宽思想时空、只是就着事物表象看问题的俗人。他们不能超越自身，以三步一饮、十步一啄为满足，以能自适于安逸境界为超越，不是很可笑吗？然而在魏晋之世，以自适解逍遥大行其道。郭象注云："夫小大虽殊，而放于自得之场，则物任其性，事称其能，各当其分，逍遥一也。岂容胜负于其间哉。""苟足于其性，则虽大鹏无以自贵于小鸟，小鸟无羡于天池，而荣愿有余矣。故小大虽殊，逍遥一也。"郭象之义，以鷦鷯、斥鴳、偃鼠与大鹏同样逍遥，以为这样才与齐物之义暗合，其实大谬不然。齐物的道理虽可旁通，但在具体文本必有确定之思想表达。玄学家们将庄子超越性的求道缩小为随遇而安的悠然自适，甚至完全颠覆是非标准，以为冷漠颓放、任性纵欲皆是逍遥，不是太荒谬了吗？这种解释在当时就遭到强有力的批驳，高僧支遁说："夫桀跖以残害为性，若适性为得者，从亦逍遥矣。"（《高僧传》卷四《支遁传》）"夫逍遥者，明至人之心也。……至人乘天正而高兴，游无穷于放浪；物物而不物于物，则遥然不我得，玄感不为，不疾而速，则逍然靡不适。此所以为逍遥也。"（《世说新语・文学》刘孝标注引支遁《逍遥论》）支遁否定了随处逍遥，而以"物物而不物于物"解逍遥，明确了唯有至人才能达于逍遥境界，则逍遥是一种高远的追求而不是随波逐流、随遇而安，而不是任性纵欲。两晋名士多颠沛于淆乱之政局，乞命于声色之中，既希望得到物欲与情欲的极大满足，又希望得到风流潇洒的精神享受。此种贪婪取巧的人生岂足以名逍遥？（参见罗宗强《玄学与魏晋士人心态》）至此本文结论可表述为：

一、《逍遥游》是积极求道以达到无待的自由。无为无待是一种很高的追求，不是随遇而安的颓放自适。

二、逍遥之自由境与儒家之道德境有相通处，但终究不可混为一谈。逍遥高于道德，但并不反道德。

三、郭象以自适解逍遥是对庄子思想的绝大误解。魏晋名士多不足以名逍遥。

如果说《逍遥游》是激发人的求道之心，那《齐物论》就是开宗明义讲修道的基本课程。从观念上明白万物齐一的道理，这是修道的基本门径。此理不明，处世、养生、悟道将无从谈起。

《逍遥游》问答

生问：

对于“至人无己，神人无功，圣人无名”一句，至人、神人、圣人到底是几种人？他们有高下之分吗？

还有，我对鲲鹏这个意象的含义，一直不很明晰，鲲鹏到底隐喻什么？蜩与学鸠，与鲲鹏有没有高下之别？《逍遥游》后半部分为什么在讨论“小大之用”，与前文仿佛脱节，这要怎样理解？

逍遥游是不是精神的绝对自由，也就是至人无己的境界？列御寇御风而行尚有所待，宋荣子辩乎荣辱，定乎内外仍犹有未树，这样看来，绝对自由不就变成一种意识上的虚无了么？（可不可以与佛教所说“无我相，无人相，无众生相，无寿者相”相联系呢？）因为人活在世上终究不可能无所待，那么这种逍遥游，在现实生活中是无法实现的了？抑或是让意识回归到本心，从而得到一个真实的自己？

知恬斋答：

关于至人、神人、圣人的问题，我是这样看的：

庄子的立论，是针对当时思想界的风气的。读《庄子》，不可与战国思想文化脱节。

庄子说，至人无己。重己之人是谁呢？即所谓杨朱这一派的人。杨朱说“拔一毛以利天下不为”，认为天下事都没有一己的生命重要，看起来好像很超脱了，可是庄子却认为，执着于一己之生命的人，能算得上至人吗？真正的至人，是连一己之生命也可以超脱的。

神人无功。有功之人又是谁呢？是当时的谋略家、法家、纵横家、阴阳五行家，凭着神通、法术、巧智或是言辩，操纵天下大事，荣身显名，自以为大有功于世。可是庄子说，以智谋之心、神通之术去操控天下事，看起来很有效果，但他们对世间的危害是巨大的，庄子认为，运用神通巧智去做事其实是投机取巧，必然有害于世风的纯正和人心的淳朴（庄子说，有机事者必有机心，聪明巧力是有害于人性的）真正的神人不会通过智巧神通追求功业。

圣人无名。是针对儒家知识分子而言的。他们秉守良知节操，以道德劝谕世人，看上去很努力很可敬。可是庄子却认为，他们中很多人，其实很在乎生前身后的清誉，他们身心被名誉束缚不能超脱，为名而害身是很可悲的事实。而且，他们不去了解身心性命、天地自然的规律，连自己都保全不了，怎么去保全天下人呢？（《人间世》讲的就是儒家知识分子自身难保的可悲命运。）

所谓至人、神人、圣人，没有高下之分，但无己、无功、无名是用超越性思维描述道家人格的高境界，也是对其他各家的含蓄批评。

再回应一下《逍遥游》关于鲲鹏的问题。我把《庄子》定性为“传道书”（上古哲书多如此），道虽然是恒一的，但传道之法却要灵活。《逍遥游》作为一本传道书的第一篇，它的主题是“境界的召唤”。鲲鹏是一个多么大、多么神奇、多么自由的形象，而修道的人，能把心灵上升到如此美的境界，真是令人神往啊。而要上升到这样美的境界，就必须超越荣名，超越世功，超越奇技淫巧神通，而至于仅仅满足于过平凡日子的小鸟们，就更不足道啦。

庄子说的无为，是修道的重要方法，但无为绝不是说，过那饱食终日、无所用心、没有追求的日子（像蜩与学鸠一样）。无为的着眼点是悟道。不悟道，无为有什么意义呢。因为荣誉感是悟道的障碍，所以庄子要批评儒家；因为功利心是悟道的障碍，所以庄子批评兵家和法家；因为神通奇技是悟道的障碍，所以庄子批评阴阳家；因为妄想长生不老的执念也是悟道的障碍，所以庄子批评养生家（《养生主》即是揭示养生的本质，绝非长生，而是天性的保全与精神的超越）；因为逞辞强辩是悟道的障碍，所以庄子要批评惠施；而梦想着老婆孩子热炕头的普通人，庄子不作批评，但他们毕竟与悟道没有关系，故而不论。

所以，《逍遥游》一篇到底在讲什么？我以为：第一，它揭示了修道的境界是如此的美和自由；第二，它告诉人们，执着于荣名、功利、神通、言辩，或是执着于普通人的生活，都不足以到达修道人的境界。道是如此之美，生命是如此的可贵，修道的门径除我一家又别无他途，在座的诸位，想不想听我庄周继续阐述——到底怎么才能修道呢？

再往后，就开始讲齐物，讲养生，讲处世（《人间世》），讲德全，讲真知（《大宗师》），讲治国（《应帝王》），组成了非常完整的修道课程体系。

佛教讲无我相，无人相，无众生相，无寿者相。所谓“无”，即“不要执着于”之谓也，并不是“没有”“消灭”这样的意思。这个可以和庄子的“坐忘”相类比，先忘仁义，再忘礼乐，然后连自己的四肢百骸聪明利达都忘了。“忘”并不是“没有”，是“有”而不执着。

再谈“无”和“忘”的关系，“无”和“忘”，是佛道都看重的修行法门，这是为什么呢？因为，无的境界是在有之上的，而人生之苦，主要因世人执着于有而产生的。正如《好了歌》中所唱：“世人都晓神仙好，唯有功名忘不了；古今将相在何方？荒冢一堆草没了。世人都晓神仙好，只有金银忘不了；终朝只恨聚无多，及到多时眼闭了。世人都晓神仙好，唯有娇妻忘不了；君生日日说恩情，君死又随人去了。世人都晓神仙好，只有儿孙忘不了；痴心父母古来多，孝顺儿孙谁见了！”这四个“忘不了”：无非功名、财富、恩情、儿孙，这些不正是庄周告诫世人要“忘’的内容吗？

那么，把一切都“无”掉了，人生只剩下空空如也，岂不是很没有意思？诚然，未必。要知道，世间之“有”，并不因你心之“无”就会消失——忘功名不等于没有功名，而是不汲汲于功名；忘财富不等于没有财富，而是不以财富得失为意。当你的心退到了“无”（不执着、不拘泥、不以得失为意）的境界，就好像纯真无瑕的赤子，以此心来接物，此心乃是真纯的，此物亦是真实无欺的，那人生境界该有多美。以此心来待人，则人与我亦共此真纯之美。正如东坡《前赤壁赋》所领悟到的，“天地之间，物各有主。苟非吾之所有，虽一毫而莫取。惟江上之清风，与山间之明月，耳得之而为声，目遇之而成色。取之无禁，用之不竭”。东坡真可以与庄周浮一大白了。

《逍遥游》后半篇为什么讲“大小之用”？因为开篇是用逍遥境界引导人们修习道家精神境界；中篇探讨道家优于各家的理由，对于生命有着重大价值；第三部分解答疑惑，有些人听了前面的讲述，可能仍然会怀疑修道究竟有什么用？道能吃吗？能穿吗？能长生吗？能治国吗？庄子用富有隐喻性的故事，说“用”有大小，世间有些人，巧于用小而拙于用大，他们的认知，迷于器用而昧于大道，对于能提升精神境界的修道，总持怀疑态度而不能安然接受。所以我们要打开蓬草塞住的心，开拓境界，沉潜灵魂，才能理解修道对于精神境界之大用。

《齐物论》：祛除我执、成见、智辩，差别自然消失

如果说《逍遥游》是激发人的求道之心，那《齐物论》就是修道的基础理论课。从观念上明白万物齐一的道理，这是修道的基本门径。此理不明，处世、养生、修真、治国将无从谈起。

南郭子綦对颜成子游所讲人籁、地籁、天籁的观念，是用声音作比喻来讲齐与不齐的道理：人造的乐器发出声音为人籁，风通过孔窍发出声音为地籁，而它们都依赖气的流动才能发声啊。所以，万籁不齐，但终有齐的一面。所谓齐的一面，即是气本身。气是万籁之源。气本身是没有声音的（无），但却可以通过其他的形式发出声音。大音希声，声音的本相是无声，无声即是声音的本源啊。知道了声音的本源是无声，万物的本源也就清楚了——正是那无差别的、没有具体形态的存在本身（无）啊。

人世间的纷争也正如万籁不齐，大小，多少，美丑，善恶。你看人们贪婪嫉恨，勾心斗角，争强好胜，死去活来，不都是因为此多彼少、得失不均吗？赢了的志得意满，输了的垂头丧气；喜怒哀乐，张狂恐惧，种种可笑可怜的丑态，都是因为不知道齐

物的道理，专注于事相外在分别、执着于得失多寡所致。

齐物则无矛盾，物不齐则矛盾重重。你看世间种种说教，争相炫耀自家的真理，儒墨名法辩论不休。他们没有抓住问题的根源，强辞博辩，终究不得要领。他们为什么总是强调事物的差异，而不知道其内在是统一无差别的呢？

依我看，物不齐的根本原因是：自我中心主义。每个人都从自我的角度看问题，对他人难以认同。可是自我与他者，终究是相对待而生。无此即无彼，无彼即无此，彼与此是相统一的。如果真要从自我出发的话，那什么是自我呢？四肢、百骸、六藏，到底哪个是自我呢？在自我的内部，也有四肢、百骸、六藏的分别，它们谁属于谁？谁听谁的？其实他们相互为用，成为统一的整体，并没有相互隶属的关系。四肢百骸又与人的心（精神）相互为用，若有身无心，有心无身，有四肢无六藏，有六藏无四肢都是不可想象的。若明白自我的内部也有种种复杂的关系，不必纠缠，又怎么会执着自我与他者的观念差别，拘泥执着争论不休呢？

况且，我们这个自我，从一成形就面临毁灭，他们每天都消耗着能量，在人世间痛苦地挣扎，时时刻刻都在损耗元气。一旦形体毁灭，精神随之而去，这难道不是一种悲哀吗？自我如此短暂而无助，执着于这个短暂、无助、无根的自我，不是很可笑、很可悲吗？

物不齐的另一重要原因是人们对事物的习惯性思考（成见）。

有些人会理所当然地认为当前存在的即是合理，而不去思考自以为“合理”的观念是怎么来的。当习惯的力量日积月累，真相反而泯灭了。鲁迅先生说“从来如此，便对么”？在礼教的时代，人们会认为三从四德本来如此；在现代社会，西方人认为平等自由绝对正确。科学家唯科学是问，艺术家唯艺术是尊。这些都是习惯思维，倚赖于习惯思维而不去思考问题的本源，这就像刻舟求剑，相当荒谬甚至极其危险。

观念世界瞬息万变，一种观念在过去是正确的，现在就荒谬了；一种观念在某个地区适用，换个地方就行不通了。当观念被被传播一万次以后，它所表达的内容与原始内容相去不啻万里。观念的传播，依赖于语言。事实上语言也极不可靠，表达此必遗漏彼，表达彼又忽略此。怎么可能有一句话涵盖所有真理？我们怎么可能相信有“一句话管总”的绝对真理？既然没有，我们又何必对事物发表纷纭的见解？这些见解和小鸟有口无心的啼鸣有何区别？还不如以空明之心观照事物的本质，静照默存，不作任何判断，这就叫做“以明”。

观念和语言既不可靠，辩论就更可笑了。有人认为真理越辩越明，在我看来恰好相反。辩论的一方胜过另一方，胜者就对吗？败者就错吗？辩论的成败只与口才的高下有关，而与真理无涉。因为没有第三者能够裁判对错。如果与你观念相同者作裁判，既然相同又怎么能当裁判？如果与你观念相异者来裁判，既然相异，又如何能裁判？如果观念与你我皆同，又何必裁判？与你我观念皆异，又如何裁判？既然语言不能表达真理，辩论更加没有意义。智辩扩大差别，没有智辩，差别也就缩小了。

公孙龙子曾经有一个见解，认为指非指，马非马，这是在强调事物的概念不等于它本身。这种立论虽然诡异，也自有其道理。但我觉得不如更进一步说，既然指非指，马非马，还不如说非指是指，非马是马。以空明的心来观照，事物呈现无差别相。某物与他物在根本上乃是完全相同。天地皆是一指，万物皆是一马。所谓指、马，乃是概念，曰趾亦可，曰牛亦可。张三与李四，皇帝与乞丐，只是名相的不同而已。当你用这样的观念来看待世界，世界已然发生了根本的变化！

路是人走出来的，事物的名称是人叫出来的。每件事物的产生和发生，都有它必然之理。存在即是合理，不存在亦是合理。是有是的道理，非有非的道理。但执着于此是彼非就大谬不然了。是非的条件是千变万化的。你刚说是，它已成非；你认为非的，别人又认为是。所以倒不如宽容接纳所有事物，承认每种道理的合理性，甚至将两种极端矛盾的观念有效统一。当你认为小草与大树齐高、东施与西施同美，殇子与彭祖同寿时，世间又哪里来的差别、哪里来的斗争呢？

所谓差别只是形式的差别，世界本身是永恒无差别的。有一个养猴人用橡子喂猴子，他说："你们早上吃三个，晚上吃四个。"猴子很生气："凭什么？"养猴人说："别闹别闹，那就早上吃四个，晚上吃三个。"众猴点头——这还差不多。这个故事叫“朝三暮四”。我们所执着的差别，也不过是“朝三暮四”与“朝四暮三”的差别而已。——如果你还不明白（差别的本质），还要执着于万事万物的差别不放松，你的智力与这些傻猴子是一个量级的。

古人对问题的认识非常深刻，常常至于“未始有物”的境界。从无到有，事物向我们显现，从抽象的有，到有差别；从有差别，到有矛盾；从矛盾又演变为冲突和斗争，人类从此不得安宁了。“差别”就像潘多拉的盒子一样，一旦打开就会跳出无数的魔鬼（矛盾斗争）来对我们进行侵扰，那还不如想办法把盒子盖上，回到“未始有物”的状态。人间的是非成败，都是对道的损害，哪里有什么是非成败呢？你认为昭氏鼓琴很高妙，但其实你在聆听之时，遗忘了更美好的声音（无声）。昭文善于鼓琴，是将人籁与天籁剥离，要是他不鼓琴的话，天籁反而是浑然一体的存在。昭文鼓琴、师旷击节、惠施辩论，都与此类似。他们的聪明彰显自我，但却被大道遗弃；炫技于一时，而终生无所成就。真正的圣人不炫耀自我，而是因循着事物的变化而变化，不将自己与造化相分离。

啊，我说了这么多，是不是也产生了差别对立了呢，我的话是否也与小鸟叫声一样毫无意义呢？你们会笑我否定语言、嘲笑辩论，其实自己不是也在发言和辩论吗？是的，这的确有自相矛盾的嫌疑。不过，我的言论毕竟与世俗的有差别。我的言论是否定言论的言论，我的辩论是否定辩论的辩论。我的逻辑是正等于反、是等于非的逻辑。试问天下又有谁能说出这样的话呢？——虽然如此，读者诸君，我的话你们也不必认真哦！

比如说，我要讲万物有一个开始，在“开始”之前，是“没有开始”；在“没有开始”之前，是“没有开始的开始”；在“没有开始的开始”之前，是“没有开始的开始的开始”；在“有”之前是“无”，在“无”之前是“未始有无”；在“未始有无”之前，是“未始有夫未始有无”。忽然世间就有了无，但不知道这个无到底是有还是无。我说了这些话，但不知道自己是说了还是没说。哈，“满纸荒唐言，谁解其中味”？

再说一些更荒唐的吧。天地之间，毫末最大，而泰山最小；夭折的婴孩最长寿，而彭祖最夭亡。天地与我并生，万物与我一体，大小长短都是相对而成的，再荒谬的观点在我看来都可以成立。

哈，虽然我辩称自己的言说不同于他人，但毕竟是有言说的。如果说万物一体是一，对此一体的认识就成了二，这个二再加上原先那个一就是三，自此往下推算，就是最巧的计算家也得不出最后的数目，何况普通人呢？从无到有就产生三个名词，何况从有到有呢？不必再计算了，因任自然而存在就可以了。

从前尧问舜说，我总想讨伐宗、脍、胥敖等三个小国，这些小国还未臣服于我，环伺四周，总让我不能安心，这是为什么呢？舜说：三个小国的君主就像生存在草间一样，为什么要放在心上呢？太阳普照万物，你的道德胜过太阳，能照着他就行了，他们属不属于你，有何差别？有分别心就会有占有心；有占有心，心就永远不安定。尧的疆土已然极其广大，但因为有三个小国还没占到就不安定，这就是因为彼此是非的差别导致占有心，占有心导致内心的不安定，也因此，尧的德行显得如此的不圆满。

齧缺问王倪："你知道万物之所同吧？"王倪说："我不知道啊！""你知道你不知道的东西吗？""我不知道啊！""物是不可知的吗？""我还是不知道啊！不过，我了解你问题的出发点。你是希望通过确定事物的标准来达到内心的安定。殊不知万物根本没有共同的标准。就好像人类生活在沼泽里就要患风湿，可是泥鳅在沼泽中却很自在：世间哪里有共同的居住标准呢？人类吃粮食，麋鹿吃草，蜈蚣吃小蛇，又哪里有共同的饮食标准呢？西施是大美人，可是鸟兽都爱与同类在一起，并不一定喜欢西施，对于美色又哪里有共同的标准呢？正是因为寻求共同的标准，每个人执着于自己的标准，天下才会大乱啊。"所以，承认不可知，接受万物无差别的事实，内心才能安定。

如果对世间事都不加分别，岂不是会更混乱，天下又怎么管理呢？唉，如果人人都修炼自身，能够不食五谷，吸风饮露，神游于宇宙八荒，又哪里需要管理呢？

齐物的观点谈到极处，就要讲到生死齐一。一般人贪生怕死，好生恶死，焉知死亡不是幸福的归途？丽姬是封疆人的女儿，被晋国君王抢去当妃子，一开始她哀哀哭泣，对自己的未来忧心忡忡；可是当她受到国君的宠爱、享受到鲜衣美食，就暗笑自己当初的伤心是多么愚蠢——对未知的命运，你无从知道它好还是不好，因此，又何必担心呢？生死也是如此，当你不知道死是如何时，为什么会认为生比死好、死亡非常非常可怕？活着的人都向着死亡去，死去的人可没有人想回头呢！

微阴是影外之影，影子之外的一圈光晕。微阴竟然嘲笑影子：“你的行止坐起都无定性，人走你就走，人停你就停，你的生命为什么不能自主呢？”影子说：“我是不能自主，有所依凭，可是我所依凭的东西也有所依凭。就像蛇要靠腹下鳞皮蜷行，蝉要靠翅膀飞行，我们都有所待啊。那个行走着的人，也是有所依凭、不能自主的呀？你还要依赖我，又有什么资格嘲笑我呢？”其实世间人都是互相依靠，都是有待的存在，这种“有待”的感觉深藏内心、挥之不去，是生命中永恒的“烦”。道家用回归自然来去“烦”。“回归”不是“依靠”。“回归”是生命和自然一体，生命即是自然。

庄周曾经做过一个梦，梦见自己变成一只栩栩然的大蝴蝶，那么的悠然自在，那么的美好。以至于醒来之后，他闹不清楚，到底是自己变成了蝴蝶，还是昨天晚上那个美丽的大蝴蝶，第二天早上变成了庄周。我们以白昼为视角，夜梦虚幻不实；可是如果反过来，以黑夜为视角，白天那个奔逐劳累的我们，不也像活在梦幻泡影中吗？

生死也是这样。我们执着于生，会悲泣于自己的死；但如果不以生为思考的起点，不留恋于生命纷纷扰扰的内容；也可以说，死是从一个纷扰的地方，回到了清净无差别的寂然之域。这样，生又何必庆幸，死又何必焦虑呢？生死都能齐一，人生还有什么痛苦放不开呢？庄周梦蝶故事，说的就是“人生如梦”——既然人只是在世上“梦游”，还有什么需要较真，要那么焦虑、计较和想不开呢？从这个角度理解，庄子思想对于忙碌而焦灼的现代人，真的是相当“治愈”。

《养生主》：在乱世中保住修道的本钱

如果说《逍遥游》是一个引言，《齐物论》是修道的理论基础，《养生主》则直接切入到道家性命双修的主题。修道是漫长的过程，生命有涯，知识无涯，以有限之生求无尽之知，怎么可能成功呢？那些以有限生命获得无穷知识的儒家书生，好学不厌，诲人不倦，当其用功之时，生命能量也损耗得差不多了吧。

那我们还是来谈一谈养生吧。只有尽可能地延长生命，才有足够的本钱来修道。孔子曾说："朝闻道，夕死可矣。"（《论语・里仁》）但如果未闻道而身先死，不就太遗憾了吗？讲到养生，与处世紧密关联。处世之法，在悠游于规则和人事的缝隙，不要和任何事物硬碰硬。也不要因为自己的行为，给自己带来过多的负担。比如我们做好事不必求名，名是生命的负担；即便不得已做了违背道德的事，也要尽可能规避刑罚。刑罚也是身体的不可逃避的负担。我不是鼓励你们"为恶"，是说，人生有时候会走到不可避免的困境和窘境，比如你长途跋涉，饿极了渴极了，看到地里有西瓜和蔬菜，但不是自家种的，那你是直接去吃呢？还是用内心的道德约束着自己，宁可饿死渴死也不吃不属于自己的食物？食物又没有标签，它属于谁？“属于”只是人类的观念而已。儒家君子有的就这样拘于观念，成为“渴不饮盗泉之水”的笨伯。

养生之理，是在极善极恶的夹缝间求生存。因循自然之理，保护生命，保全天性，养护亲恩，得尽天年。

我听到一个故事说，文惠君的一位名叫丁的厨师（庖丁）在宰牛的时候，手足肩膝并用，姿态美好，手法高妙。在如舞蹈般的动作当中，一头牛就被肢解完毕。观者赞叹不绝。高妙的技艺，也是道的显现。庖丁为大家解释说：“宰牛的确有近于道的地方。我的精神带领着手，手带领着刀，循着牛的自然理路而行，并不全靠耳听目察。我的刀在牛骨、牛筋的缝隙游走，依着牛天然的生理结构，所以应物而不伤。这样，我的刀才能用了十九年后，而刀刃好像刚磨出来的一样。牛的关节有隙，我的刀刃极薄，刀锋游走于其间毫无障碍、绰绰有余。我刀既无伤，牛亦不知其死。”道就是用最小的代价，达到最好的结果。

世间的规矩、法则千千万，哪里能样样深究？但你一定不要和规矩、法则、人事硬碰硬，更不能四面树敌、对抗强梁。养生之道，是一种柔软的智慧和力量。生命像水一样，顺着沟渠的脉络游走，应物不伤，周流有余。养生是以柔制刚，上善若水。

我们的行为处世，要循着事理的天然脉落解决问题，不能凭一己之强力，遇山开山，遇水渡河。生命过分消耗，定然不能长久。就像《孙子兵法·谋攻》所讲的："不战而屈人之兵，善之善者也。"《左传》里烛之武能退秦师，靠的是掌握住了秦、晋、郑之间微妙的利害关系（事情的天然理路），就能不费一兵一卒，消解郑国之大患。政治外交如此，养生也是一样。人的身体也有特定的生理结构，人只要通过气息的运动，循着这一结构，疏通身体各个部分，使之正常运转就可以了，不一定要追求某一种功能的强大啊。西方体育运动可以让人的肢体很强健，心肺功能很有活力，但运动过度也会压迫其他器官的生存空间，产生不必要的伤害。试看，有多少职业运动员退役后不是伤病缠身呢？中国式的养生不追求某个部分的强大，而是追求整体的合理、和谐。如太极拳、五禽戏，通过柔化身体来达到生命整体机能的优化。更重要的是，通过饮食起居的合理安排，不让任何一个器官受累。有一个很流行的养生口诀说："养身在动，养心在静。饮食有节，起居有时。物热始食，水沸始饮。多食果蔬，少食肉类。头部宜冷，足部宜热。知足常乐，无求乃安。"这里面也包含了养生的道理。

右师失去了一条腿，这到底是人为的还是天意呢？处世和养生最重要的当然是规避矛盾，避免受到伤害。可是对于已经受到伤害（刑罚）的人，要如何才能减轻生命的忧虑呢？那就应该委之于自然，把一切归于上天。将承受灾祸的主体置换成天，人本身才能解脱，才能得救啊。

泽雉宁可求食于荒野，也不愿畜于樊笼。精神虽然健旺，但失去了天性，不会有好的结果。养生的意思不是吃饱喝足就可以了，为了口腹之欲，而使自己陷于不自由的境地，人的天性受到了戕害，那可不是庄子讲的养生之义。

老聃死了，他的朋友秦失去吊唁他，干号了三声就出来了。弟子们很奇怪，以为没有完成礼仪。秦失说，那些哭得如丧考妣的吊丧者，内心的感情并不真实；生死只是来往于自然的两个空间，用极度的悲痛来表达对死亡的哀感，是对死亡的不了解；对于老子这样的得道之士来说，用这样愚蠢的方式哀悼他是对他的不尊重。老子生了，是顺着自然而生；他死了，是归于自然，何必过分地哀痛呢？养生并不企求长生不老，只是顺应自然、尽其天年就可以了。

薪柴上的油脂，本是引火之具，火焰在薪柴上点燃，油脂虽尽，但他并不遗憾，因为火焰已被传递，它的职分已经尽到了。生命也是如此，形体毁坏了，精神被传递到另一个时空，不多久又会与新的事物相结合，又有什么可遗憾悲痛的呢？道家养生，并不追求长生不老，只是使人生尽可能地保全天性和免受伤害、为求道的人生提供必要条件罢了。

《人间世》：存诸己才能存诸人

养生关联着处世。《养生主》中庖丁解牛的故事，不是既隐喻了养生，也隐喻了处世吗？如果将庖丁的刀比作生命，牛的骨骼经脉就是社会结构。生命要在复杂的社会结构的缝隙中穿梭，不与任何人或组织硬碰硬，这样生命才得以保全，社会组织也不必发生任何改变。儒家君子总想着要改变什么，总有一种救世主的心态。其实你不必改变任何人或组织，因为改来改去，最后总是换汤不换药，这样的努力终究是徒劳；但你也不要轻易被任何人或组织改变，努力保持着你身体的健康和天性的自由。

《人间世》的核心是：存诸己然后能存诸人。能保全自己的生命和天性，才有可能去保全别人。儒家虽然也讲“独善其身”，但更多的时候总有“兼济天下”的冲动。颜回听说卫君“年壮行独”，卫国生民涂炭，满腔义愤地想到卫国去劝阻卫君，救卫人于水火。孔夫子却给他泼了一瓢透心凉的冷水：“颜回啊，你本是个不懂政治、不谙世事的年轻人，凭着一腔义勇去拯救生民，不但救不了他们，反倒会把自己的小命搭进去哟！”

颜回说，我可以“端而虚，勉而一”，既真诚又谦虚；也可以“内直而外曲”，正直真诚又言辞巧妙。孔子说：“都不行的。除非你能做到‘心斋’”。“什么是‘心斋’？”“就是‘无听之以耳，而听之以心；无听之以心，而听之以气’。”不要用耳朵去听，要用心去听；不要用心去听，要用气去与对方相接。怎样用气相接？就是要洗心，让心变得空空洞洞：既没有自我，也没有成见；既没有目的，也无所谓方法；既不会激动，也不会失望；既没有使命，也没有责任。用空洞洒落的心对接任何事物。既然如此，我为什么还要到卫国去呢？既然如此，为什么不可以到卫国玩一趟呢？心斋可以救世，但不把救世当作任务。心斋根本没有任何任务。你可以到卫国去，和卫君耍个天昏地暗；你可以变成小顽童，比卫君玩得更疯。你不能是那个非礼勿视、非礼勿听的颜回，而要变成随机应变福至心灵的韦小宝。你要让他对你好奇，做出让他都觉得匪夷所思的事情。当他引你为同道、信任你，对你没有警觉之心，你再悄然地操纵他，代理他的政务，这样才有可能实现你最初的使命。

楚国的叶公子高要到齐国去当使者，他为此忧心忡忡。因为齐国人老于世故，对使者招待得很好，但不会答应对方任何实质性的要求。这样的外交使臣，不是做得很难受吗？如果完不成使命，回来要被楚君责难；如果急于完成使命，一不小心触犯到齐国就会得罪他受到惩罚。怎么办？当时的国际形势，秦最强，楚其次，齐再次。楚要与秦争锋，必要联齐抗楚。但齐国也不着急，他是老三嘛，老大和老二打架，老三着什么急？叶公子高是个敬业的使臣，很注重个人荣誉。既想分担国事，但又不能确保成果。唉，怎么办？孔子很同情他，先安慰他说："叶公子高啊，这是你逃不出的宿命，你就安然地接受它吧。你不能太有使命感，不必太有荣誉感，以为事情非你不行，以为楚国非你不可。当使者的原则，就是忠实地传达国君的意思，不溢美，不多言，不祈求事情的成功，不担心事情的失败。总之，不要有任何多余的想法。使者就是一个传声筒，和建功立业没有关系。你把自己的职业看得太神圣，所以才忧心忡忡、方寸大乱啊。"有事业心的人总是容易想太多，可是想得越多越不能正确地完成任务、成就事业。我们道家的看法，首先要去除内心的负担，才能有所作为。

颜阖要去做卫灵公太子的太傅，卫太子也是个不好对付的主儿，颜阖不知道该怎么办。蘧伯玉告诫他一番做师傅的道理。"形莫若就，心莫若和。"外表万般迁就他，内心万般依顺他。但即便如此，也不能确保无事。"就不欲入，和不欲出。"迁就得太厉害了，娇惯了他，形势愈演愈烈，最后不好收场；依顺得太厉害了，为虎作伥，助纣为虐，人民看不惯你，一起来反对你。太子犯了错，拿你当替罪羊，同样没有好下场。

总之，你反对他是没有用的，这就像螳臂当车，最终会覆灭。你迁就他也是没有用的，就像养老虎的人，拿活物喂他，会激发虎的兽性，总有一天要吃你。要拿小块的熟肉喂他，娇惯他，让他失去力量。

你万般细心地照顾他，也不一定有好的结果。就像爱马者，用竹筐给马盛粪，用漆盒给马盛尿，但恰好有蚊虻叮它，你帮他扑打，结果马受了惊，尥蹶子踢你，那不是很倒霉吗？总之，伴君如伴虎，你还是不要找这苦差事了。

儒家君子做事，总想着自上而下，纲举目张，为帝王师，一人之下，万人之上，围绕着君王做大文章。引导、辅佐甚至左右君王的思想，这天下事不就容易治理了吗？可是你自身对人性没有通透，怎么可能左右得了别人？庄子未必真心鄙薄儒家君子，只是觉得他们太傻太天真，出力不讨好，于人无益，于事无补，白白地成为政治牺牲品。

可是，道家的高人，又能做出什么惊天动地的大事呢？他们什么都不做，只是小心驾驶生命的帆船，不乘风不破浪，更不和鱼鸟冲撞。他们只是小心翼翼地规避人生的风险，在生命的大海上自在游翔。

石木匠带着弟子，看到土神庙的栎社树，长得那叫一个大啊。徒弟们没见过这样大的木材，都很兴奋地围观，乐而忘返。但石木匠头也不回地往前走。弟子们追上去问为什么。师傅说：这是一块散木，做什么都不成的，只好做社树了。什么用都没有的木头，才能长寿；什么用都没有的人，才能得享天年。你看世上有用的英雄豪杰，几人能得好死？长寿者多是胸无大志、无所用心的普通人。

南伯子綦到商丘去游览，看到一棵大树，长得真是大啊。但细看它的枝干弯曲，它的主干有裂纹，叶子有毒，果子也不能吃。这是一棵大而无用的树，所以没人砍他，他就这样自在地活着，勇敢而骄傲地活着。咦，这不就是道家想要的人生吗？

楸树、柏树、桑树，这些树材质太好了，人见人爱。一两握的，耍猴人要用作旗杆；三四围粗的，泥瓦匠要拿去作梁栋；七八围粗的，贵族拿去做棺材木。谁让你材质好呢？

当祭品的动物，都得选品相完好无病无缺者。上古用活人祭河神，那童男童女得长得特别标致才行。自古红颜薄命，为什么？好东西大家都要争抢，东家抢西家争，红颜当然薄命了。长得好有错啊？这是什么世道？

男想做才子，女想做佳人，谁愿意当废物、当丑人？唉，你们太年轻，不知道当废物丑人好处多着呢。比如我认识的支离疏，天生一个怪胎，驼背圈腿，缩肩秃头，影响市容，谁看着都难受。不过他倒活得很自在，不用服兵役劳役，不用交税。他靠算卦足以谋生。逢年过节，国君为表示亲民，救济穷困，多次亲切接见慰问。这就是长得丑、没有用的大用啊！

孔子去楚国的时候，楚狂人接舆在他门前又跳又唱："天下有道，圣人成焉；天下无道，圣人生焉。方今之时，仅免刑焉。"我们道家，做的是"仅免刑焉"的学问。而儒家，怀揣着很美很高尚的救世理想，最终却难免于刑。你看方孝孺，满腔忠义落个株连十族，多么惨痛的案例！

良材被伐，膏油生火，桂皮可食，漆可用，最后付出的是他自己，这都是自找的，怨不得别人。人们没有看清自我与世界的关系，没有弄明白人生要的是什么；他们只知道有用的用处，而不知道无用的用处。无用的用处，就是在乱世中保全自己，让身体更健康生命更自由啊。

《德充符》：才全而德不形

《德充符》是对求道人内心境界的描述。符者征验也，德充符的意思是说天德充盈的人会具有感人的力量。此章人物，往往形体残缺形象丑陋，庄子要通过特殊的、漫画式的形象设计来刺激人们思考：极丑陋之形体蕴含着极美好的德行，也会使天下人爱戴和崇拜，这不正凸显了“德”的魔力吗？这些挣扎于社会底层、在身心两方面被摧残的草根阶层在《德充符》中受到如此的关注和褒扬。庄子向着悲惨世界投来的慈悲眼光，不也彰显了他自身的德行吗？

鲁国有断脚之人王骀，立不教，坐不议，好像并没有什么本领，可是他的学生与孔子一样多。孔子对他心服口服，还要带着学生去归服他。孔子的弟子常季表示不理解。孔子说，王骀虽然看起来没有什么本领，但他对于生死以及世间任何变化都毫不动心，他内心有着坚定的生死齐一的观念，所以对待万物万事都如此平和。他断了一只脚，就像衣服上掉了一块泥巴一样不以为意，这种境界就是他的本领啊。德行充满的人，不以得失为怀。

就像止水能鉴人形，像松柏四季常青，他的存在是一种随顺自然的平和境界，所以总保持着欣悦的勃勃生机。一个人在任何情境中，都能像勇士在强敌面前处变不惊，这样的心胸就足以让人们亲近啊。

申徒嘉是断了脚的人，和郑子产同做伯昏无人的弟子，子产却瞧不起他，以与之合堂同席为耻。申徒嘉说："你以为自己是执政，就可以瞧不起人吗？老师教导我们最重要的学问，就是让我们对万物不起分别之心。我虽然在人世间不慎受了刑罚，但我在老师这里十九年，丝毫没有感受到自己与别人有何不同，老师齐物的善德感化我，使我解脱形体残毁的悲伤。而你却因为自己是执政，我是刑人，而产生了特殊对待之心，看来老师的道德学问，你是一点没学到啊！"

鲁国有个断了脚趾的人叫叔山无趾，用脚后跟走路去见孔子。孔子以为他已然犯下大错，悔之无及。叔山无趾说，我年轻时不识时务，因行为不慎受了刑罚，断了脚趾，可是我还知道天下有比脚更珍贵的东西，所以前来求教。想不到你竟然不认为世上有比形更高尚的东西。世人都认为你德行高尚，今日相见，不过尔尔。叔山无趾又去老聃那里求教。老聃安慰他说："孔子的思想被特定的观念束缚住了，关心刑名礼法甚于道德。他的思想被人文的东西拘囚住了，永远没有办法解脱的。你不要跟他一般见识。"

鲁哀公问孔子："卫国有奇丑者名叫哀骀它。世人都乐于与之相处，女人们恨不能做他的小妾。我愿聘他为国相，甚至把国家交给他，也心甘情愿，但他似乎并没有这个意思。他在我身边，待不了多久就不辞而别，这让我很失落。回头想想，觉得很奇妙。唉，这样一个人为什么有如此的魅力，一日不见就让人牵肠挂肚呢？”孔子说：“是这样的，精神的魅力有时超过我们的想象。就像我到楚国去，看到一群小猪在刚死的母猪身上吃乳，一会儿都惊慌地离开了，因为母猪已经失去知觉，没有往日对待小猪崽慈爱的样子，所以猪猪们害怕啊。我们爱一个人不是爱它的形体，而是爱主宰形体的精神。武士们在上战场的时候衣甲鲜明，非常精神，可是战死了，就被草草埋葬。因为他已经不复往日威武的气势。断了脚的人，不会爱惜原先的鞋子。失去了根本（脚），形式（鞋子）就毫无意义。精神就是根本啊。像哀骀它这样的人，就是因为他总是在精神层面做功夫，精神充满，故而使人迷恋。这样的人叫做才全而德不形。”

“所谓才全，才即性也，是天性完满的意思，其实具有万物齐一的心胸和随顺自然的处世之道。生死、得失、穷达、贫富，得之则喜，失之则忧，客观环境左右着他们的情绪，这样的人就像木偶一样，被环境牵着走。可是才全的人将生死祸福看作昼夜的轮转，无论客观环境如何变化，都不足以扰乱他们平和的心境，所以总能安逸自得而不失怡悦的心情，与物为春而欣欣然。所谓德不形，就是深深用功于内心的宁静，而不在行为上刻意表现。就像春天的潭水充盈而渊静，不会刻意激荡，以唤起人们的注意。这样的人不用整天说教，也不用做出丰功伟业，他们的存在本身就具有感人的力量。”

有一天鲁哀公对孔子弟子闵子骞说：“我贵为一国之君，操生死之权柄，自以为是在追求公平正义，殊不知是在制造人间的不平等。有所作为其实还不如无所事事。如果我自己能德行充盈，感化人民，大家都生存于纯朴和熙的自然氛围中，岂不甚好？我再也不坚持孔夫子君君臣臣那套东西了。”

有一个形貌恐怖怪异的人，背驼了，脚跛了，嘴唇豁了，来游说卫灵公。卫灵公很喜欢他，习惯了他的样子，再看常人，反觉得他们长得很奇怪。有一个脖子上长瘤子的人，齐桓公与之相处既久，再看常人，就觉得他们的脖子太瘦小了。这就叫德有所长，而形有所忘。人们如果执着于形而不去追求道德，这才是真正的不智啊。

天对人的生命提供了丰富的供给，取之不尽，用之不竭，只要我们满足于简单的生活，便不必再有身外的追求。这样，世俗社会的各种关系也就不需要了。世俗生活中被认为有价值的活动，对于与天为友的圣人而言，都是多余的累赘。比如人世间的智谋吧，看起来百变机巧，其实都是为私心服务的拙劣伎俩。比如人世间的盟约，无非是一部分人结成党团帮派来争取共同的利益，其实每个人都心怀鬼胎。用盟约、规矩结合在一起就像用胶漆把木料强行粘合，一旦分赃不均，就分崩离析、风流云散了。再比如奇巧的工技，世人创造出光怪陆离的东西，的确能炫人耳目，但这些都是因物欲而起，对物的欲望引导人们创造数量巨大的奢侈品，最后导致贫富极度不均。

天德充盈的真人保持内心的平和，不随外物而哀乐好恶，看起来似乎没有七情六欲。惠施认为没有七情六欲的人，虽然境界很高，但未必能算是正常人。正常人怎么会“无情”呢？庄子说，我们可以重新思考人的定义是什么。天地给予人的形貌，他在世间自由的生长，怎么不算是一个人呢？惠子说，既然是人，怎么可能“无情”呢？惠施没有领悟，还是在有情即人、无情非人的原地打转。庄子耐心地解说道，我所说的无情，是不以好恶损害人的本性，顺应自然，不必追求生命之外的事物。惠子说，不去追求，生命的存在有何价值？庄子说，生命本身就值得追求。像你这样绞尽脑汁，劳费心力，造出一些坚白同异、白马非马的命题，究竟与你的生命了不相关，这种所谓的追求，才真是没有价值呢！

《大宗师》：有真人然后有真知

《大宗师》是《庄子》内七篇中气魄最大的一篇，综合了庄子的真理观、生死观、功夫论。这是庄子在解决了养生、处世、人格境界问题之后，放手畅谈的一篇文字。

大宗师的问题核心是：有真人而后有真知。终极智慧的掌握，必须在人的精神境界上下功夫，一般世俗的知识世界中的追求，即便有所得，也绝不能达到终极真理（道）。

天与人是知识的全部。天道无为，诞育万物，万物中都具有天（自然）的特性。回归自然，自觉地成为自然之子，就可以与道同在；人类文明的发展永远是向前，更丰富更复杂更充实，绝不可能回归倒退的。我们凭着人类的智识的伟力创造第二世界。我们用已知推知未知，孜孜不倦，永不放弃，说起来也很让人感动。但这样的认识永远像盲人摸象一样，每次只能认识一点点，而这一点点还要随着情境的变化而变化，没有办法最终确定下来。以人为主体的认识总是有限的，而回归自然，以天为视角，认识则是无限的。真知的发现有赖于真人。真人，就是自然之子。

古之真人，不区别多寡，不计较成败，犯了错误也不后悔，有功于世也不矜傲。他们登高不惧，下水不湿，入火不热，他们的道德与智识完全合一。

古之真人，睡甜无梦，醒觉无忧，饮食无味，气息深沉。真人以踵呼吸，众人以喉呼吸。他们言语迟钝、大智若愚。他们不会被世俗欲望所左右，他们始终与道在一起。

古之真人，不贪生，不恶死。生命不值得欣悦，死亡也不必抗拒。无拘无束，悠哉悠哉。他们知道生命的根源，所以并不企求他的结果。对任何事情欣然结受，不去向往、不会预测、更不会计较那未发生的事情。他们不用私心损害道德，也不用个人的努力增益自然。保持自然的原生态，这就叫做真人。

这样的人，看起来精神专一，神态安祥，方面宽额，气宇轩昂。如秋气般静肃，如春日般和熙，喜怒哀乐与四时相感通，生命的节奏与自然同步。他不参与世俗的纷争，任何人都不能揣测他，也不能控制他。

如果让真人去治理国家，他能以最小的消耗达到最大的效果。他发动的战争，消灭了别人的国家还使被征服者心服口服；他为人民做事，但人民并没有感到他的贡献。一切都是无所为而为。只花最少的气力，就能达到最好的效果。

而儒家所认为的圣人，以功业成就自喜，有亲亲尊尊的私心。运用机心以驾驭事情，不通利害损身求名。像那犯颜直谏的箕子、不食周粟的伯夷，他们都执着于道德教条，把善恶荣辱是非分得那么清楚，轻身求名，含冤而死，对谁都没有价值。这样的人能称为圣贤吗?

天与人是统一的，善恶、荣辱、是非也是统一的。这一点是客观事实，并不以人的意志为转移。你承认万物的统一，就是追随天道；你要将万物区隔开，你就是追随人道。而真人将天道与人道统一，兼容天人两道，所以无往而不可，无为而无不为。

生死如夜旦，有限的生命把握不住自己的命运，这是自然之常理，任何人无法改变。人在自然中如鱼得水。而离开自然的人，就如同鱼被困于陆地，只好用唾沫互相沾湿，苟延残喘，这样的亲密互助的确令人感动。但早知今日，你们为什么不好好地待在大海里，为什么不让自己永远不被困在陆地?大海隐喻自然，陆地隐喻人类社会。人类社会太复杂太艰难太残酷，所以要宣扬爱和仁义才能勉强维持。而在自然里，什么都不需要，一切本然具足。我们为什么要将大海变成陆地，将丰沛变成缺乏?

天地是万物的载体，我们的生命存在于天地之间，我们的身躯是它所赋予，我们劳碌的一生是它安排，我们安逸的晚年是它的恩赐，我们生命的终点是到了休息的时间。明白了存在的形态不同，但都是造化的一部分，我们还计较什么呢?又有什么舍不得放弃呢?

有些人想把属于自然的东西据为己有，其实费尽心机也是枉然。有人自作聪明地把船藏在山谷里，把山藏在大泽中，这应该是最稳妥的了，但是说不定哪个大力士把山谷和大泽整个搬走，那些藏宝贝的聪明人还不知道呢。就像齐国的历代国君苦心经营，才有国家的强大，可是一旦朝政被田氏窃取，此前的苦心就算是为他人作嫁衣了。秦始皇打造万世基业，结果二世而亡，整个江山改名换姓。哪里会有二世、三世直至千万世永远不衰亡的事情发生呢？人不可能永远地保有一个事物。对事物存有占据之心是世上最愚蠢的事情。不管是大的事物还是小的事物，不管我们藏得多好，你所拥有的，最终必然会失去。既然如此，那还不如藏天下于天下，将一切还给自然。这是最保险、最安心、也最符合事物自身需求的选择。东坡《前赤壁赋》里讲："天地之间，物各有主。苟非吾之所有，虽一毫而莫取。惟江上之清风，与山间之明月，耳得之而为声，目遇之而成色，取之无禁，用之不竭，是造物者之无尽藏也，而吾与子之所共适。"庄周如读此文，也会与东坡相视一笑、莫逆于心吧。

我们对世俗的利益无所追求，我们就能拥有无所限制的心灵；我们藏天下于天下，就不会有任何损失。拥有无所求、无所限的广大自由的心灵，不正是求道的终极目的吗？

道这个东西看起来没有形迹，但在万物身上显现他的作用，道不能传授，但可以领悟。南伯子葵想向女偊学道，女偊说道不可学；如果一定要学的话，先要做"朝彻""见独"的功夫。修炼三日之后，发现天下的事务与己无关；七日之后，万事万物的变化得失都无碍于心；九日之后，发现身心性命都似与己无关。有了这样的精神状态，才有机会领悟大道、窥见宇宙的根源，最终达到无古无今、不死不生的精神境界。放弃生命才能得到新生，增益生命反而走向死亡。要想领悟大道，必须撄宁以成。所谓撄宁，即是放弃的意思。这样的道理不是从书本中来，而是来自对苍茫寥廓的天地之始的领悟。

子祀、子舆、子犁、子来四人相与为友，莫逆于心。他们视生死存亡祸福为一体，故得生不喜，丧生不惧。子舆有病，形貌憔悴。子祀去看他，见他心内闲适，并不以恶疾为意。子舆说，万物均是造化所为，人也是造化所为。人死就是化为万物，有什么得失？心不拘于“人”与“物”的区别，自然无所事事。假如上帝将我的左臂变成鸡，我就用它去报晓；假如把我的右臂变成弹，就用它来击鸟；如果把我的臀部化为车轮，把我的精神变成马，我就乘着它周游八方，岂不快哉！子舆之所以能有这样的态度，正是将“齐物”的观念深植于内心，成为一种自然而然的精神境界和行为方式。

子来有病将死，妻子泣之。子犁喝道：“嫂子，能安静一点吗？上天正在转化你老公呢。你哭哭啼啼的声音，干扰了上天的工作。他要是没有被转化好，你可要负责。”子犁又向子来说：“造物主太了不起了，能将世间万物变来变去。我很好奇，上天会把你变成什么？变成老鼠的肝吗？变成昆虫的胳臂吗？我真的对变化的结果很好奇！”子来说：“你好奇没有用，这不是你我应该关心的问题。自然就好像一个熔炉，生命从熔炉里进去，最后出来会成什么样子，我们自己并不知道。如果一个铁匠正在锻铁，那块铁突然在炉子里叫了起来：'铁匠啊铁匠啊，快把我铸成人形吧！我都等不及要变成人了。'你想想看，铁匠肯定要被这块躁急的笨铁吓坏了——哎呀，这肯定是块不祥之铁，我不锻炼它，丢掉算了。转化生死是上天的职责，当人还没有被转化，就预想他会被转化成什么，这是不通大道的不祥之人啊。"世上民间术士，相面算命，往往伪托阴阳家或道家，殊不知庄子将善相面的季咸视为道的反面，对于预测命运的做法也根本加以否定呢！

有子桑户、孟子反、子琴张三个好朋友莫逆于心，他们以一种无所事事的态度相处，登天游雾，忘却生死。子桑户死了，朋友们用唱歌的方法悼念他："啊哈，桑户老头，你真幸运。你已经回到自然的熔炉，参与新一轮的造化，可叹我们还被拘囚在人间，不得超生。"儒家的好学生子贡，见到三位奇人站在朋友遗体前唱歌，觉得太不尊重死者、太不像话了，就赶忙将这事报告给孔子。孔子说，不是他们太荒唐，是你我太拘谨。他们是方外之人，我们是方内之人，我们怎么能按方内的规矩来要求方外之人呢？其实规矩不是生来就有的，老天爷也并不讲什么规矩。他就是有规矩。他的规矩，我们不能臆测的。儒家偏偏要尊天法地，搞出仁义礼智一大套道德伦理，以为这些合乎天德。最后，把所有人都关在规范牢笼里，束缚自己，也让人民受到桎梏，真是作孽啊！

人在自然之中才能自由的生存，就如同鱼在大海里才能畅游。儒家的好事者，偏要用玻璃缸养鱼。给人生设定一个范围，又给社会定了一大堆规矩，却是何苦来哉？合乎天道者不合乎人道，合乎人道者未必合乎天道。取法自然和取法人文，出发点不一样，思考方式也不一样，结果也不一样。道家和儒家对圣人、君子的定义也不同。其实，一般所谓的君子，在上天看来却是小人；一般所谓的小人，在上天看来可能是君子呢！

意而子去见许由。许由说："尧是怎么教你的？"意而子说："尧让我明白仁义是非。"许由说："如你遵奉仁义是非，你还来找我干什么呢？你的根基已经坏掉了，是不可能领悟大道的。要知道仁义是非是刑罚，在这样的框子里面，怎么可能达到逍遥自在、无拘无束的境界呢？"意而子说："我虽不能至，但心向往之，请你务必想一个办法帮我。"许由说："没有办法了，盲人没有办法欣赏色彩，规规矩矩的人没有办法获得自由。如果你有诚心，就把仁义规矩先忘掉我再来教你吧。"

颜回决定学坐忘之术，学了几天，觉得有进步，跑去对孔子讲："我已经将您教我的礼乐忘掉了。"孔子说："很好很好，有进步了。"过了几日，颜回又向孔子报告说："我把仁义也忘掉了。"孔子说："很好很好，进步很快。"又过了几天，颜回对孔子说："我坐忘了。"孔子吃惊地问："什么是坐忘？"颜回说："我忘形忘智，将我的身心性命一并忘却，最后竟有与宇宙连通为一体的感觉，我想这就是传说中的坐忘吧。"孔子说："你如果真的达到这样的境界，我就要拜你为师了，我自己还没有达到坐忘的境界呢。”

子舆与子桑是朋友，两人都很贫困。天久雨不晴。子舆心想，子桑肯定饿坏了。包了一份饭去看他。到他门口，听到子桑在里面弹着琴，又歌又哭道：“父母啊，天地啊，为什么要让我忍饥受冻啊？”哀痛得不能自已。子舆说：“你唱的歌诗为什么悲痛到这种地步？”子桑说：“我在想，是什么让我的人生悲惨到这般田地。父母肯定不希望我贫困，天地应该公平地对待万物，可是现实却是几家欢乐几家愁，每个人只好默默承受各自的命运啊。”

《应帝王》：浑沌为心，清静治世

庄子好像一位耐心的教师，在内七篇中完整地讲授修道的初级班、中级班、高级班的课程。修道，可以明理，可以养生，可以处世，可以团结人民，可以修真养性，可以治理天下。在任何一个层次，都可享受到道的妙用。《应帝王》作为最后一篇，属于修道的高级阶段——怎样用清静无为的道理来治世。

齧缺问于王倪，四问而四不获。齧缺因而有悟，所以跑去告诉蒲衣子。蒲衣子说，现在你知道了吧？舜比不上上古的泰氏。舜还要用仁义来笼络人心，他成功了，但这样的方式并不合于自然之道，是用智识在处理问题。而泰氏安闲舒缓，逍遥自适，顺应自然，也同样得到人民的拥戴。他从不标榜自己，即便你称之为牛、呼他为马他也不在意。他是胸中洒落无尘的真人。唯真人才有真知，真人即是自然之子。

肩吾见楚狂接舆，说日中始曾告诉他，治理人民必须要用道德和礼法。接舆回答他："这完全是欺人欺天。这种治天下的方法，就好像在大海里凿河，根本没有必要；又好比让蚊子负山，根本就不可能。真正的圣人，致力于培育自己完满的天性。他自身的道德充满，对人民自然具有强大的感召力。至于人民自身，就让他们各遂其欲好了。礼法有什么用呢？最重要的是人性。连鸟都知道高飞，以躲避罗网弓箭；连鼷鼠都知道躲藏在社坛底下，避开烟熏火烤。绕开人性谈礼法，谈道德，就像想用渔网拎水一样愚蠢。”

天根游于殷阳，至于蓼水，恰巧遇着无名人，就向他询问为天下的道理。无名人说，你这个鄙陋的人，为什么要问这样无聊的问题？我正与造物者交游，高兴起来，就乘着莽眇之鸟，飞出天地四方之外，游于无何有之乡，停留在广阔无边的旷野。你为什么拿治理天下的话来骚扰我呢？天根没有领悟大道，还是继续追问。无名人说，好，那你就游心于恬淡之境，清静无为，顺着事物的自然本性处理问题，天下就可以治理好了。

阳子居见老聃，说有一个人敏捷果敢，知见明达，孜孜不倦地学道，这样的人可以称得上明王吗？老聃说，在圣人看来，事务性人才往往为技能所累，苦形伤神，最终于人于事无补。虎豹有美丽的皮毛，所以人们要捕捉他；猨猴敏捷善跃，所以被拴在牢笼里。能干的人总是为人所利用，又怎么能治天下呢？阳子居问，那究竟怎样才是明王之治？老聃说，明王治天下，天下已治而似乎并不是他的功劳，教化及于万物，而人民并不感到依赖他。不执着于事物的表面解决问题，使万物回归到到自己的本性。无所为而为，与造化同游而不拘于一端。

郑国有神巫名叫季咸，能相面并预知人的死生祸福，准确到年月日。郑人见到他，放下手上东西就跑，怕被他算到自己的死期。列子心仪于季咸的道术，就禀告老师说，季咸的道术似乎比老师要高明呢。壶子知道季咸只是会一些小法术，而列子为之迷惑，想背叛自己转投季咸。壶子不动声色，微微一笑，说："我还没有传授你真正的道术，你才会惑于小术。季咸果真能相面如神？那你让季咸来给我相面。"第二天，列子果真请季咸来给壶子看相。壶子示之面如死灰，季咸断言壶子不日将死；第二次，壶子又示之以一线生机，季咸以为壶子即将死而复生；第三次，壶子示之以精神恍惚，季咸以为他心神不宁；第四次，壶子示之万法俱空的境界。季咸茫然不知所以，四相不中，方寸大乱，落荒而逃。经历了这件事，列子才真正明白老师的道术远在季咸之上。朴素自然地生活，不执着于生命的一种面相，随心所欲地呈现各种面相，从而不被任何人算计和控制。列子回到家里，替妻子烧饭，再没有大男子主义；像喂人一样喂猪，对待猪和人没有差别。他明白道的真义是对万物无所偏私，弃绝浮华而复归于真朴。道不是预测、算计和控制，有道之人也不能被预测、算计和控制。

一个人不要求名，不要用智，不要任事，不要求知。体会无穷的大道，游心于无限的领域，用天所赋予的本性来对待世间万事。至人认识世界，就像镜子一样照见万物的本性，而不带任何成心成见，这样才能准确地把握万物而不为万物所伤。

南海之帝为倏，北海之帝为忽，中央之帝为浑沌。倏与忽相遇于浑沌之地，浑沌待之甚善。倏与忽感浑沌之德，他们在一起谋划说：“人皆有七窍才能视听食息，我们的好朋友浑沌却没有，我们来帮他造七窍吧。”造了七天，七窍成了，浑沌却死了。万物各有本性，浑沌的价值就在于浑沌，我们把浑沌变成有七窍、能视听食息、思虑算计的东西，混沌背离了自己的本性，也就失去了存在的根据。人的价值是在自在、自由、自然地生活，我们又何苦用礼法规矩来改造我们的本性呢？

《骈拇》：天下本无事，庸人自扰之

《骈拇》这一篇用骈拇枝指作喻，指出道德仁义是完全多余的。人的行为要顺性情之正，合乎自然。

脚上拇指和食指连在一起，如鸭蹼一般；或者人的手上长出第六根指头，是出于人的自然本性吗？看来不是，一定是哪个地方出了问题。人的身上长了瘤子，难道是出于天然吗？看来不是，一定是身体出了毛病。人们整天叫嚷着仁义，甚至认为仁义与自己的身心性命一样重要，这是出于自然吗？看来也不是，因为道德仁义这一套都是好事者创造的累赘之物。

骈拇所增加的是无用之肉，枝指所增加的是无用之指，仁义礼智信所增加的是无益的道德规范。世间之人往往如此，他们舍近求远，舍内求外。总想增加点什么而不懂得舍弃。人们迷恋于五色文章，光彩眩目，但是造出来的色彩其实是多余的（天地有大美而不言，自然山川已经够美了）；人们迷恋黄钟大吕、金石之声，但造出来的声音却是多余的（天籁之音已经够美了）；人们迷恋于道德礼法，把这当作值得追求的荣誉，这其实违背了人的本性，反而激发人们沽名钓誉的心理，这根本就是多余的（人的自然本性已经够美了）。更可笑的是有人迷恋于智力游戏，他们在坚白同异的古怪命题中耗费心神，越钻研越深入越缠绕越复杂，最后连自己也迷进去出不来了。因为这种思考与生命毫无关系，不能在生命经验中旁通印证，最终沦为偏离自然的旁门左道，与骈拇、枝指一样是毫无价值的东西。

真理一定要以性命为本，不违逆自然。当其合时不为骈，比如两棵树根干相连，这是天然发生的，没有人觉得不自然；当其枝者不为歧，就像树大分杈一样，虽然分了，但所有人都觉得很自然。当其长时而并不觉得多余，当其短时也并不觉得缺乏。野鸭的腿很短，增之一分则嫌太长；野鹤的腿很长，截之一段则嫌太短。原先短的不必加长，原来是长的也不必截短。人类何苦要多事，做一些增长截短的傻事呢？

凡事顺应自然不离本性，自然身心安泰。如果一定以天下为己任，杞人忧天，推行礼法，舍身取义，就不免要罹受忧患了。你看那些仁人志士，汲汲奔走于诸侯之间，左右不逢源。孔子困于陈蔡，孟子不遇诸侯，身心疲惫，损己不利人，又是何苦来哉？不仁的人，为富贵而伤害性命；仁义的人，为仁义而伤害性命。他们的目标不同，但伤害性命的结果都是一样，又是何苦呢？就好像两个奴仆牧羊，羊都走丢了，问他们丢羊的原因，一个是因为专心读书丢了羊，一个是因为掷骰子游戏丢了羊。原因不同，丢羊的结果都是一样啊！伯夷求名而死，盗跖求利而死，原因不同，但死于非命的结果却是一样啊！一般人所谓的聪明仁义，如曾参、史鳝、俞儿、离朱都是世人所谓的聪明人。但在我看来都与性命相悖，没有一点可取之处。我所谓的道德在于自得，我所谓的聪明在于自知，我所谓的快乐是人与自然合一所收获的安适与欣然。

《马蹄》：聪明是自然的敌人

这一篇以马作喻，强调顺应自然性情，向往上古华胥氏的至德之世。

马蹄可以践踏霜雪，马毛可以抵御风寒，饮水吃草，翘足跳跃，这是马的真性，纵使有高台大殿，对它来说毫无用处。可是伯乐说，我善治马，用铁烧它，剪它的毛，削它的蹄，烙上印记，络首绊脚，把它们拴连起来，编入马槽，马就死去十之二三了；让它们饿着，渴着，训练它驱驰，奔跑，有镳缨相箝，用皮鞭相迫，马就死掉大半了。泥匠说，我会制陶，使圆者合于规，方者合于矩。木匠说，我会削木，使曲的合于钩，直的合于绳。陶土、树木的本性是要自由生长，并不需要合于圆规方矩、钓钩绳墨。伯乐治马、陶工制土、木匠制木，他们戕害了自然生命，我们还称赞他们是能工巧匠，这难道合理吗？

治天下者也是这样啊。人民本来有真淳的本性，织而衣，耕而食，无善无恶，无是无非，无思无欲，这种状态叫做“天放”。在遥远的至德之世，人民就这样无忧无虑的生活。那时山中没有路径，水上没有舟桥；万物生长，人类与禽兽比邻而居。人们可以牵引禽兽而游，可以攀援巢窠与鸟雀嬉戏。人与禽兽都没有分别，又怎么会有君子小人之分呢。

如果大家都不用智巧的话，本性就不至丧失；如果大家都不贪欲的话，自然纯朴真实。但自从有圣人出现，急急于求仁，汲汲于为义，天下才开始迷失方向。完整的树木不被雕刻，怎会有酒器？洁白的玉石不被毁坏，怎会有珪璋？道德不被废弛，哪里会有仁义？真性不被离弃，哪里会有礼乐？五色不被搅乱，怎么会有文采？五声不被错乱，怎么能合六律？残破原木做器具，这是工匠的罪过；毁坏道德来求仁义，这是圣人的过失。用仁义的法则来改造人性，实现统治，这样的人能称作圣人吗？

马生活在陆地，吃草饮水，高兴时交颈相摩，发怒时转身相踢，马所晓得的仅止于此。等到加上了车衡颈扼，装上了额前佩饰，马就懂得折毁车輗，曲颈脱軏，抗击车盖，吐出口勒，咬断笼头。马懂得了与人抗争，这就是伯乐的罪过啊！

上古帝王赫胥氏的时代，人民安居而无所为，悠游而无所往；口含食物而嬉戏；吃饱了，拍着肚皮到处遨游。安然自适如此。等到圣人出现，用礼乐来规定天下人的行为，用仁义来匡正天下人的精神。人民开始奔竞用智，汲汲争利而不可制止，这些都是儒家圣人的罪过啊！

《胠箧》：人生锁不住任何财物

《骈拇》《马蹄》《胠箧》《在宥》四篇的主题相当接近，主张绝弃圣智礼法，顺应自然，向往无为而治的至德之世。但每一篇切入的角度不同，其主题也有所侧重，《骈拇》篇重在反仁义，《马蹄》篇重在反教化，《胠箧》篇重在反智识，《在宥》篇重在反法治。

一般人为避免财物被盗，总是将箱子锁得牢牢的，布袋系得紧紧的，柜子造得很结实，一般人以为万无一失了。可是这只能防小盗不能防大盗，巨盗要打劫财物时，连你的布袋箱柜一起搬走，唯恐你锁得不结实，财宝会漏出来呢。一般所谓的聪明，其实都是在为大盗储蓄。你看春秋时的齐国，治理得相当好，国家富庶，人民康乐，各种法规井井有条。齐国大臣田成子（陈成子）很会收买人心，他放贷给老百姓，以大斗借贷，小斗收进，老百姓都很喜欢他，其实他是有所图谋。最后田成子杀死齐简公，拥立齐平公，尽杀公族强者，齐国变成了田成子的天下。他仍然按照原来齐国的法律把它治理得井井有条。田成子虽然是窃国大盗，但身心安泰，人民拥戴，丝毫不担心受到惩罚；他既手握权柄，又收买了人心，还有谁愿意跟他作对？又有谁能奈何得了他？

一般人所谓的聪明，到头来都是为他人作嫁衣。古来的圣贤坚持正道，有几个能得善终？关龙逢、比干、苌弘、伍子胥，这些人忠心事主，最后的结局要么被斩首、剖心，要么被车裂、弃尸，难道他们的忠心仁愿是为了得到这样的结果吗？是圣贤之道迷误了他们啊。说到圣贤之道，谁又没有道呢？连强盗也有他的道。盗跖对群盗说，我明鉴得失可谓圣，身先士卒可谓勇，英勇断后可谓义，逍遥法外可谓智，均分赃物可谓仁。我懂得这些"道"，才算是名震江湖有档次讲规矩的大盗啊。忠诚迂执地行圣人之道者不得好死，而借圣人之道为己谋利者横行于江湖。圣贤之道往往被大盗借用，这不是很可悲很可笑吗？

斗斛、权衡、符玺、仁义，本是确立法度的工具，但这些工具往往被别有用心的人窃取。世间之事，窃带钩者被判死刑，窃取国家者却成为至尊的王侯。这种情况是不可能被改变的。你不能用重赏劝人不为盗，你也不能用重刑恐吓人们不为盗，对于那些野心膨胀的人来说，窃取权柄，借用圣智之法维护自己的统治是他们的处世哲学。一旦成功，天下为己所控制驱使，道德礼法也就被野心家们玩弄于股掌之间，这种事情在历史上不是时时在发生吗？

鱼不能离开深渊，国之利器不可以示人。人不能离开自然，圣人之道不能整天挂在口头上。摆在门面上的东西，注定要被坏人窃取。倒不如将值钱的东西销毁，让人们无所追求。不尊重君王圣贤，野心家们就不能愚弄人民了；毁坏值钱的珠玉，小强盗也没有了；烧毁符印，人民自然诚信；击破斗秤，人民就没法相争；毁弃圣智礼法，人民就没有分别之心；搅乱六律，销毁竽瑟，塞住音乐家的耳朵，人们的聪慧内敛于心；毁弃文饰，散乱五采，粘住离朱的眼睛，人们的明敏内敛于心。弃绝一切有价值的东西，回到最原始淳朴的自然性情，天下就不会迷乱了。

在上古的至德之世，容成氏、大庭氏、伯皇氏、中央氏、栗陆氏、骊畜氏、轩辕氏、赫胥氏、尊卢氏、祝融氏、伏羲氏、神农氏，他们并不懂得什么圣智礼法。人们结绳记事，饮食甘美，衣裳鲜洁，居所舒适，习俗安乐，邻国相望，鸡狗之声相闻，一片祥和景象。现在人们标榜仁义，背着粮食，背井离乡，去投奔仁义的君主，我们还称赞远人归服。在上古时代，每个地方都这样美好，我们根本不需要舍弃家园去流浪啊。

君王运用机智而不知大道，天下就会大乱。机关算尽太聪明。越是想改变对方，越会被对方改变。弓箭鸟网多，鸟儿就变得聪明了。钓饵鱼网多，鱼儿就变得狡猾了。木栅兽槛多，野兽的生活就被扰乱了。法律辩论多，人们就变得越来越虚伪了。天下大乱的原因，要归罪于人们喜欢玩弄智巧。人们常常急于追求他所不知的，却不知将已知的道理贯彻于庸常的生活中；我们着眼于遥远的未来，但得到后不免惆怅。其实知足常乐，温饱健康的生活已经相当美好了。人们只知道批评他所认为不好的，却从不知批评他认为好的。殊不知所谓好与不好并没有明确的界限；好的东西，一旦被坏人所利用，就成了助纣为虐的坏东西了。人们对世界有所追求，一定要在自然世界之外造一个人造的世界，这会造成极可怕的结果，会遮蔽日月的光明，销毁山川的精华，破坏四时的运行，连小爬虫、小飞虫都会丧失其本性。东周以降，儒家知识分子创造了道德规范，树立了英雄楷模，用礼法规矩来教导人民，使他们舍弃无为自然的本性，追随人为的标准，人们从荒袤的自然原野逃到用智识造就的玻璃房子里，最终迷失自我不得其门而出。这都是圣人对天下的伤害啊！

河南商丘漆园修道学校招生简章——《逍遥游》文义趣解

庄子：亲，您想修道吗？请到河南商丘漆园修道学校来吧！免学费，包食宿。随报随学。来电来函或网上报名均可。

路人甲：嗯，修道？修道有什么好处呢？

庄子：这您就不懂了。修道的好处多着呢？它最大的好处，就是让您具有无比广阔的心胸、无比自由的心灵。让我用鲲鹏来作比方吧：

> 北冥有鱼，其名为鲲。鲲之大，不知其几千里也。化而为鸟，其名为鹏。鹏之背，不知其几千里也。怒而飞，其翼若垂天之云。

试问：普通人能达到这样的境界吗？

路人乙：听起来是不错。不过，做一个无所事事、过平凡日子的普通人，不也挺好吗？就好像：

蜩与学鸠笑之曰："我决起而飞，抢榆枋而止，时则不至，而控于地而已矣，奚以之九万里而南为？"

庄子：唉呀，您是不是太懒惰、太没志气了？修道是比较辛苦，可是却能拥有非凡的人生体验，就好像走远路的人是比较辛苦，可是他们能看到不一样的人生壮美的景色。生命只有一次，难道您不想试试吗？就好像"适莽苍者，三飡而反，腹犹果然；适百里者，宿舂粮；适千里者，三月聚粮"。那些拘执于狭小琐碎人生观的人们啊，哪里会知道生命有如许的超脱、潇洒、奔放与自由啊！

修道人在这样的高度看世界，"天之苍苍，其正色邪"；而那些不修道的人呢，则如"野马尘埃"一样渺小，如"朝菌不知晦朔，蟪蛄不知春秋"，朝生暮死，春生秋死，连宇宙的边都没摸着，生命就消亡了。一生在愚蒙中度过，不是很悲哀吗？修道人则"如楚之南有冥灵者，以五百岁为春，五百岁为秋；上古有大椿者，以八千岁为春，八千岁为秋，此大年也"。只有修道人能全然了解宇宙的真相，遨游在永恒的时空之海！这不是无比的自由和幸福吗？

路人丙：那儒家知识分子也有追求，他们也在修道啊，"朝闻道，夕死可矣"，不也是求道吗？他们努力提高自己，争取"知效一官，行比一乡，德合一君"，穷能独善其身，达能兼济天下。他们的追求，比起贵校的修道，又如何呢？

庄子：唉呀，儒家知识分子以其知识道德而傲然，其实不过是拘执于尘世间打转转，根本跳不出世俗的牢笼。他们中有些人能够荣辱不改其志，已经达到一定的境界了。但比起修道人来差远了。比如，修道人中有人能达到这样的境界，“列子御风而行，泠然善也”，在天上飞翔十五天才下来，这已经很神奇了。儒家的君子们能达到吗？不过列子仍然要凭借风，还未能达到绝对的自由。“藐姑射之山”的“神人”，“肌肤若冰雪，绰约若处子。不食五谷，吸风饮露，乘云气，御飞龙，而游乎四海之外”。如此美妙的境界，才能算是真正的至人、圣人和神人。儒家崇尚的尧舜文武与之相比，就好像尘垢秕糠一般不足道了。更何况那些小儒、迂儒！

路人丁：您说的这些话是很让人神往，但又有点空洞无物——修道究竟对人生有什么用呢？

庄子：世人啊往往关注的是用，但他们总是拙于用大而斤斤于用小。我为您讲个故事吧。“宋人有善为不龟手之药者，世世以洴澼絖为事。客闻之，请买其方百金。聚族而谋曰：‘我世世为洴澼絖，不过数金，今一朝而鬻技百金，请与之。’客得之，以说吴王。越有难，吴王使之将。冬，与越人水战，大败越人。裂地而封之。”

我们关注的点，不是有什么用，而是，怎样才是“大用”。当你进到修道的思想情境，您对“用”的理解也不一样了。当你拥有开放的心胸和超越性的思想，道也就呈现出无穷的妙用。

惠施：你说的虽然很神奇，但我总觉得都是不切实际、不合时宜的空话，就像一个硕大的葫芦，又像一个臃肿不中绳墨的大树，空空洞洞，无所用之。

庄子：惠施老兄啊，你的头脑被逻辑的茅草塞住了，一点也不轻灵洒脱。如果我有一个大葫芦，我就剖开来泛舟于水上；如果我有这棵大树，我就“树之于无何有之乡，广莫之野，彷徨乎无为其侧，逍遥乎寝卧其下”，岂不快哉、乐哉？逻辑的头脑，功利的心态，算计的思维，永远也没有办法理解大道的妙用啊！

《齐物论》"以指喻指之非指，不若以非指喻指之非指"释

《庄子·齐物论》中有这样一段：

> 以指喻指之非指，不若以非指喻指之非指也；以马喻马之非马，不若以非马喻马之非马也。天地一指也，万物一马也。

这段话是什么意思？观诸家注解，均言之不详，解之不切。

陈鼓应先生译此句为：以大拇指来说明大拇指不是手指，不如以非大拇指来说明大拇指不是手指；以白马来说明白马不是马，不如以非白马来说明白马不是马。（其实从事理相同的观点来看）天地就是"一指"，万物就是"一马"（参见陈鼓应著《庄子今注今译》）。陈先生认为此意甚深难解，又引诸说以作参证（陈书所引太简略，今据原书补全）：

1. 郭象注：夫自是而非彼，彼我之常情也。故以我指喻彼指，则彼指于我指独为非指矣。此以指喻指之非指也。若复以彼

指还喻我指，则我指于彼指复为非指矣。此以非指喻指之非指也。将明无是无非，莫若反复相喻。

2. 林希逸注：指，手指也。以我之指为指，则以人之指为非，彼非指之人又以我指为非。若但以我而非彼，不若就他人身上思量，他又非我，物我对立，则是非不可定也。马，博塞之筹也，见《礼记·投壶篇》。马有多寡，博者之相是非亦然。若以此理而喻之，则天职覆，地职载，亦皆可以一偏而相非矣。万物之不同，飞者、走者，动者植者，亦若筹马之不同，亦可以一偏而相非矣。此盖言世间无是非也，只缘有彼我，则有是非，终不成天地亦可以彼我分乎？此皆譬物论之不可不齐也。

3. 赵以夫解：指马，有形者也。非指非马，无形者也。以有形喻形之非形，不若以无形喻形之非形。（引自焦竑《庄子翼》）

4. 释德清解：以我之触指，喻彼之中指为非我之触指，不若以彼中指，倒喻我之触指又非彼之中指矣。若以彼黑马，喻我之白马非彼之黑马，不若以彼黑马，倒喻我之白马又非彼之黑马矣。此一节，发挥圣人照破，则泯绝是非。

5. 王先谦解：今曰指非指，马非马，人必不信。以指马喻之，不能明也。以非指非马者喻之，则指之非指，马之非马，可以悟矣。为下文“物谓之而然”立一影子。近取诸身，则指是；远取诸物，则马是。今曰指非指，马非马，人必不信，以指与马喻之，不能明也。以非指非马者喻之，则指之非指，马之非马，可以悟矣。

6. 钱穆解："指"百体之一，"马"万类之一，此盖泛就"指""马"说之。谓以我喻彼之非我，不若以彼喻我之非彼耳。

知恬斋案：诸家所说，各有胜解；也可以说，全然不知所云。因为，他们都纠缠于"指""非指""马""非马"四个概念中绕不出来，将简单的事情搞复杂了。他们跟随的是公孙龙子的思维，而不是庄子的思维。要知道"指""马"之说虽是公孙龙子所提出，但并不意味着，庄子会陷溺在公孙龙子的思维陷阱中出不来；以我之了解，庄子是不管别人说的是什么，总能巧妙地引入到自己的论题，证成自己的结论。此篇谈齐物，字字句句都扣紧齐物来说，这一段也不例外。

知恬斋解此句如下：

公孙龙子曾经有一个见解，认为指非指，马非马，
这是在强调事物的概念不等于它本身。
这种立论虽然诡异，也自有其道理。
但我（庄子）觉得，
与其说指非指、马非马，
为什么不说，
非指是指、非马是马呢？
因为说 A 不等于 A，即是说，
非 A 等于 A；
说 B 不等于 B，即是说，

非 B 等于 B。

不是吗？

既然如此，

（非 A 是 A）

（非 B 是 B）

那任何事物都是 A，

任何事物也都是 B，

这不就是齐物的道理吗？

以空明的心来观照，

事事物物都显现出无差别相。

天地一指，万物一马，

天地、万物，

其实又有什么本质的分别呢？

《养生主》开篇为什么要谈知与养生的关系

《庄子·养生主》开篇云：

> 吾生也有涯，而知也无涯；以有涯而随无涯，殆已。已而为知者，殆而已矣。

《养生主》谈养生，养生的价值在于“可以保身，可以全生，可以养亲，可以尽年”。全篇主题明确，意义完整。但为什么开篇要用求知与生命的关系来切入？求知与养生纵然不是一回事，但在普通人眼里，也未必是一对反义词。我们从字面上，看不出养生与求知有任何矛盾；既然如此，为什么庄子会以知与养生的对立关系来导入论题呢？

我们知道庄子有一个好朋友叫惠施，他的志向是“遍为万物说”，立志穷尽万事万物的道理，因此殚精竭虑地格物致知；并以堂吉诃德式的骑士精神，与所有意见不同者辩论，必欲胜之而后快。据说他辩锋之健，能不眠不休三天三夜，最后累得站不稳了，还要“据梧而谈”，不肯有丝毫退让。《齐物论》中所说的“昭文之鼓琴也，师旷之枝策也，惠子之据梧也”，即是描述惠子为了穷尽“真理”将自己弄得羸弱不支仍坚持论战的情形。对于惠施的伤身求知，庄子会作何评判呢？

《德充符》最后一节，庄子和惠子辩论人之有情无情的问题，庄子奉劝惠子“不以好恶内伤其身”，这反过来说明，惠子可能有好同恶异的毛病，这也很可能是他不顾身体勇于辩论的动力之一。“今子外乎子之神，劳乎子之精，倚树而吟，据槁梧而瞑，天选子之形，子以坚白鸣。”惠子因为格物致知、辞辩穷理来达到真理的想法，已经严重削弱他的健康，这在庄子看来是极不值得的。“已而为知者，殆而已矣”，即是针对惠施而言，而不是泛指所有求知活动。所以，《养生主》开篇用知与养生的话题切入，要在庄子与惠施的辩论语境中理解。这里的“知”，特指惠施等凭着理智、逻辑、辩论的方式求知，这种求知目的单一，手段偏狭，结论偏颇；更严重的是，他所求的知，所穷的理，与生命无关，与大道无涉，根本就是在做无用功。

说“为善无近名，为恶无近刑”

《庄子·养生主》：

> 为善无近名，为恶无近刑。

“为善无近名”，有两层意思：一、为善；二、不近名。做好事，但不要获得荣誉。因为荣誉是人生的负担，它会妨碍人性的自然。这句话并不是说：不为善，亦不近名。不为善当然没有人称道了，如果不为善又想要人称道，那就是伪君子。

“为恶无近刑”，是说，人生于世，有时在极困顿、迫不得已的情况下可以打打道德的擦边球（在正人君子看来算是坏事），但不能到达伤天害理（近刑）的程度。比如一个人快要饿死了，可以在别人的玉米地摘颗玉米充饥。如果你抱着宁死不偷的迂腐的道德观，只好直挺挺地饿死在玉米地里，那是笨伯，不是英雄。

释《德充符》“鉴明则尘垢不止，止则不明也”

《德充符》中讲到子产与申徒嘉同拜伯昏无人为师。因为申徒嘉身体残缺，形貌丑陋，所以子产耻于与之同门，不愿与申徒嘉同出同入。申徒嘉不接受这种歧视，反而批评子产说：“先生之门，固有执政焉如此哉？子而悦子之执政而后人者也。闻之曰：‘鉴明则尘垢不止，止则不明也。久与贤人处，则无过。’”

这段话大意谓，我们（申徒嘉和子产）同在伯昏无人门下问学。伯昏先生之境界，视万物无差别，所以，我在伯昏先生门下，从未感到自己和别人有不同。而你子产在先生门下多年，为什么要时时表现自己的优越，一定要让别人自残形秽而后快呢？“闻之曰”可能是引用古语：“鉴明则尘垢不止，止则不明也。”这句古语是什么意思？陈鼓应先生译为：“镜子明亮就不落灰尘，落上灰尘就不明亮。”这样的翻译让人费解：落了灰尘镜子就不明亮，这是对的；可是为什么镜子明亮就不会落灰尘呢？杨柳桥先生译此句为：“镜子明亮就不生尘垢，生了尘垢就不明亮了。”这样翻译意思很明确，但又似乎是一句废话。镜子明亮当然不落尘垢，落了尘垢当然就不明亮了。这样正确的废话，其内涵完全没有展开的空间，也不类智者的哲言。这些解释都不惬我心。

我意以为，这句话可能是说：我们经常在明镜前照照，则身心不容易生起尘垢；但如果我们身心上的尘垢根深蒂固，就算是常在明镜前照也没有用，因为尘垢已经成为你我生命的一部分，怎么照也照不出来。这样理解，是把伯昏先生比作明镜，而子产则是不管怎么照镜子都看不到、擦不净身心尘垢的人——因为他心里的尘垢已经根深蒂固、成为他生命的一部分了。这样解，才能与故事的进展丝丝入扣，而申徒嘉严厉批评子产的语气，也就更生动地表现出来了。

壶子四相与《应帝王》的结构

《应帝王》由以下六个故事构成：

1. 齧缺问王倪；
2. 肩吾见狂接舆；
3. 天根问无名人；
4. 阳子居见老聃；
5. 壶子四相；
6. 日凿一窍而浑沌死。

《应帝王》前面四个故事，多是借世俗君王与道家高人的对话，展现无为而治的道家治国理念，与“应帝王”全篇论题相应。后两个故事，就不太容易看出与“应帝王”论题有何联系。

“壶子四相”故事是讲：列子很崇拜季咸能预知人之生死祸福的神奇本领，于是列子的师父壶子就让季咸来为自己面相，四相而四不中，季咸落荒而逃，列子也终于知道师父的本领高深莫测，因而虚心下礼、苦学三年，终于有所成就。壶子四相故事占了《应帝王》较大篇幅，讲述得也很精彩，但与“应帝王”的主题到底有何关联?

如果我们瞻前顾后地反复阅读全文，会发现“壶子四相”其实是故事中套着的一个故事。壶子四相前面的故事是“阳子居见老聃”，老聃在为阳子居讲解何谓“明王之治”时说：“明王之治，功盖天下而似不自己，化贷万物而民弗恃；有莫举名，使物自喜；立乎不测，而游于无有者也。”注意“立乎不测”四个字。什么是“立乎不测”呢？老子并没有继续阐发，而是马上转到下一个故事——壶子四相。其实壶子四相即是在阐发何谓“立乎不测”：壶子修行到一定的境界，无欲无求，与道合一，精于相术的人对他都无从揣测，这不就是“立乎不测”的最佳范例吗？原来，壶子四相故事虽然比阳子居见老聃故事长得多，却是属于母故事里套着的子故事。这是《庄子》中一个比较独特的章法，读者不可不知。

浑沌日凿七窍而死，看起来与“应帝王”主题似乎也不相应。但前面的四个故事，大多是虚拟了世俗君王与道家高人的对话，来探讨治国之道，最后得到无为、自然的真谛，因此天下的形势可能向着庄子所期待的方向发展。但是，这样虚拟的故事会不会成为现实呢？世俗君王是不是总向道家高人请教？他们能不能领略到真正的大道、又会不会在治国的实践中真正落实呢？《应帝王》中的故事是庄子所期望的，却不一定会成为现实；庄子虽然向往真朴，但并没有天真到相信天下一定会回归真朴。现实是：世俗君王总不愿意向道家高人请教，总是难以领略无为自然的精髓，更加不会在治理天下的实践中贯彻道家理想，因此天下人也就不可避免地向着自作聪明的道路上越走越远，最后难逃浑沌日凿一窍而死的悲剧性结局。这样解读，浑沌故事一点也没有游离于《应帝王》全篇论题之外，而庄子的思想也因之更显完整和深刻了。

读《史记》

“三皇”象征华夏民族发展史上的三个阶段

司马迁著《史记》，以五帝为首而不及三皇。后有小司马补《三皇本纪》置之卷首，亦只杂钞诸书，并无特见。三皇到底是什么人？《史记》为什么不记载三皇之事迹？

三皇的说法很多，我认同《尚书大传》以燧人氏、伏羲氏、神农氏为三皇，此三皇可以构成人类史上连续的三个时代。燧人氏，意谓野居并取火之氏族也。伏羲氏，一作庖羲，意谓穴居并熟食之氏族。以上皆为山居之氏族，其生活时代或在北京人、山顶洞人时期。神农氏，指村居农耕之氏族也。其时代或与仰韶文化相近。

穴居避风，故以风为姓，此为山居民族之征。神农氏为姜姓，黄帝为姬姓，姜、姬皆水名，依水而居，此村居农耕民族之征也。三皇皆以氏为名，概括人类发展史上的三个时代，且其事渺茫无征，故司马迁不入本纪，宜也。

有以炎帝即神农氏者。其实炎帝是神农时代最后一位君王。故炎帝是人名，神农是氏族，以炎帝属神农氏则可，以炎帝即神农氏则不可。

禅让的本质是宗族间的实力平衡

三皇所属宗系是否一脉相承未可知。但五帝皆是黄帝子孙则无疑，黄帝、颛顼、帝喾、尧、舜，此《史记》所谓五帝，皆属黄帝血统。兹排其宗系如下：

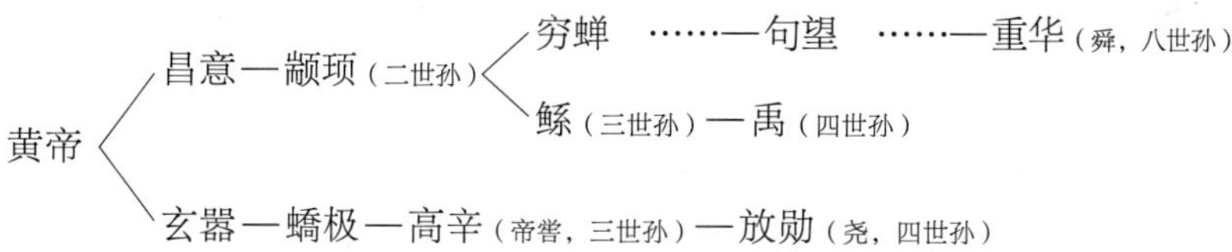

自黄帝而下，昌意与玄嚣皆未称帝，盖黄帝在位时间长而未及之也。颛顼为黄帝之孙，帝喾为曾孙，尧为四世孙，舜为八世孙，禹为四世孙。五帝皆黄帝一系无可疑。

相传黄帝有二十五子，得其姓者十四人，所谓得姓，得国之谓也。黄帝的子孙皆开疆拓土，成为新的部落的首领，这些新部落以黄帝血统为核心，形成大的部落联盟。在部落联盟内、宗族内部推选联盟首领，可能是黄帝时代就立下的规矩。

黄帝以下之四帝，皆为昌意、玄嚣之子孙。可见这两系在黄帝子孙中实力最强。其中颛顼、舜、禹皆是昌意一系，高辛、放勋是玄嚣一系。颛顼而后，不传子穷蝉而传高辛，可见在两系之间维持实力均衡之意图。高辛传挚，但挚不善，故尧立，尧在位久，如再传子丹朱，昌意一系必有离心。尧之后，必传位给昌意一系，否则这个黄帝部落集团面临分裂之危险。如何从昌意系中选择合适的接班人，这是尧所考虑的问题。不过无论选谁，都必须是昌意系的，否则宗族内部之团结再难维系。

所以，我以为，尧传舜，与颛琐传高辛无异，这中间最核心的不是选贤与能的问题，而是宗族内部的团结问题。禅让制没有孟子所赞的那么高尚，也并不像韩非子蠡测的那么血腥，只是顺应时势、符合中国家族文化的一种作为。

舜的身份，是黄帝八世孙，而尧和禹都是黄帝的四世孙，辈分差异如此之大，让人怀疑。更让人不解的是，舜的身份是庶人，既不是部落的首领，也不是尧身边的辅佐之臣。尧起舜于草野之间，这是禅让制的经典佳话。但背后也许包含着不为人知的故事。

我以为，舜可能是昌意系实力较弱的一支。尧选择舜，而不选择昌意系中的强权者，一方面使继任者更容易感恩于己，另一方面继任者也不会对自己这一系产生威胁。尧对舜之笼络无以复加，以子友之，以女妻之，更使得这两系水乳交融，彼此不分。尧的这些作为，实在是着眼于两大宗系内部的和睦。

尧用鲧治水，不成而鲧被杀。舜用禹，禹继其事有功于天下。

舜传位给禹时，禹曾虚情假意地要传位于契、后稷和皋陶，但他终于当仁不让地即了帝位，并在百年之后传给其子启，以此结束了禅让的历史。

禹为何要结束禅让？很容易想到的是，禹治水有功，开始骄傲自满，私心权欲也渐渐膨胀起来。不排除这种可能。但历史的发展，并不因个别人主观性情而改变，而是顺应事理之当然。我们可以想象，在黄帝集团初创的百年间，集团内可能只有十几乃至二十个独立部落，推选联盟首领具有可操作性，但在这个集团扩张的过程中，可能有数十个乃至上百个独立部落，这样一来，禅让制不易操作，无论怎样也无法在宗族内部实现平衡。而且，非黄帝系的部落也可能加入了联盟，如果要以贤德为标准继续实行禅让制的话，联盟首领即会落到非黄帝一系。故禹传位启，并以世袭替代了禅让，这是因为，禅让已失去了维持宗族团结的意义，继续实行禅让，将会威胁到黄帝世系的纯正。

大禹为何要杀防风氏？

昔禹致群神于会稽之山。防风氏后至，禹杀而戮之，其骨节专车。（《国语·鲁语下》）

今吴越间防风庙，土木作其形，龙首牛耳，连眉一目。昔禹会涂山，执玉帛者万国。防风氏后至，禹诛之，其长三丈，其骨头专车。今南中民有姓防风氏，即其后也，皆长大。（《述异记》卷上）

想这大禹乃是黄帝后裔，治水的功臣，为何召集群神（应为各部族首领）在会稽开会？开的是什么会？这防风氏本是吴越间的部族首领，会稽乃离其部落不远，或者竟是其部族的中心，他却因何而后至？大禹的任务是治水，他不用老爹的堵塞之法而用疏导之法，因而大获成功。但这疏法也并不简单，无非是拆东墙补西墙，将上游的水引到中游，中游的水引向下游，干流的引向支流，支流的引向湖泊。所以大禹要勘察九州，了解天下水系的总体状况，好让各水系共同分担水患。分担的工作难免牵扯到各部落的利益关系。你想啊，这下游本来没有水患，因了大禹的统筹治水工程，现在要担上水涝的风险，心里肯定是老大不乐意的。这些都得让大禹去做工作想办法。你看大禹娶了东夷族的涂山氏，涂山氏的部族相传聚居在安徽滁水，这已是下游了。想这涂山氏未必十分美貌，大禹和涂山氏的联姻也多半不是因为爱情，而是治水工作的需要，联姻了，工作就好做多了。所以涂山氏虽然让侍妾歌哭着“候人猗兮”，舍不得大禹，但大禹还是义无反顾地一去不回。

那防风氏骨节可以专车，身材极其高大，他的女儿想必也个个赛姚明，很难和大禹氏匹配，联姻的办法行不通。这高大的防风氏想来性情也很剽悍，治水要损害他部族的利益，他未必心服。也不一定肯买大禹这总指挥的账。他虽然并不公然对抗代表中央的大禹，但也要矜持着迟迟不到以表明其不合作的恣态。这明摆着是不给全国防汛总指挥的面子嘛！大禹想：这还了得，如果个个都效仿防风氏，无视中央统一部署，还治个什么水！不如杀一儆百，以儆效尤。果不其然，防风氏死了，其他部族也乖乖听话，大禹的治水终于成功了，但其中有一部分却是用防风氏的死换来的。

《史记·越王勾践世家》讲道：“越王勾践，其先禹之苗裔，而夏后帝少康之庶子也。封于会稽，以奉守禹之祀。”勾践王的祖先竟是大禹氏的后裔，那原先居住在这里的防风氏部族哪里去了？想这防风氏被杀之后，众心不服，大禹或抚或剿，总之是用尽手段来安定这一区域，并分封自己的子弟以镇抚之。而防风氏的后裔，最后竟不知所终了。

鲧败禹成的真正原因是什么？

一、《史记·夏本纪》多采自《尚书》

读《史记》之五帝、夏、商、周本纪，必与《尚书》对读。太史公之时，上古史多湮没不闻。除《尚书》《春秋》外，鲜有原始素材。《史记》采《尚书》之《尧典》《舜典》《大禹谟》《皋陶谟》《益稷》《禹贡》《甘誓》入其书，记事详而有徵，此善著史者也。今日之读者，如觉《史记》上古史部分文字诘屈聱牙，与秦汉部分有异，若能读《尚书》以旁证《史记》，此善读史者也。

二、鲧被杀的原因及被何人所杀

据前所述黄帝世系，鲧年辈长于尧，是昌意一系强有力的氏族首领，在当时是众望所归的帝位继承人选（四岳皆推尊鲧，可见鲧之影响力）。尧却不愿意将帝位传给强势的鲧，宁传实力较弱而性情温和的舜，这是从宗族内部实力平衡考虑。故尧用鲧治水，因其不成而杀之。此于尧，是政治权谋；此于鲧，是死于非命。在上古神话记载中，鲧是功败垂成的英雄、盗息壤的东方普罗米修斯，民间的赞述从一个侧面传述了鲧的冤情。至于鲧被谁所杀，《史记》说是被舜杀于羽山，《左传》则言被尧所杀。我相信《左传》所言为真。舜至孝，杀鲧而用其子禹，禹亦不恨之，此于情于理不合。尧在舜正式即位前，为舜杀鲧以除政治上之最大威胁，此合于尧之性格，禹不恨舜也有了合理的解释。

三、鲧败禹成的真正原因

鲧治水九年不成，舜治水十三年而成，一般以为鲧用堵而禹用疏，此为皮相之论。一方面，禹延续了鲧治水之功。筚路蓝缕谈何容易，踵事增华才能水到渠成。故我们赞美大禹治水的成就，切不可忘记鲧才是治水事业的伟大先驱。好比司马迁、班固治《史》《汉》，必采其父之述论，无其父则无其子。另一方面，也是更重要的，鲧治水以中原为范围，只能用堵不能用疏。堵是筑堤坝，疏是开河渠。在一个有限的范围内，用堵其实是最直接有效的。而用疏的条件，是一水系之上中下游能够协调，而治水者必有统辖上中下游之权力，温和的舜能放权给禹，是禹治水成功的前提。禹治水，其责大，其权重，故能以九州为一大水文系统加以全盘规划统筹考虑，我们看《尚书·禹贡》和《史记·夏本纪》都用大量篇幅书写禹划九州的功绩。以九州为视野是治水成功的原因，划定九州，又是治水的必然结果。禹转战九州治水，水患灭，民富而国强，而禹也就当仁不让地成为新的王者。

“飞雉登鼎”背后的故事

一、稷与契的身世蠡测

与尧舜禹不同的是，契与稷都有让人匪夷所思的出生神话。契是简狄吞玄鸟之卵而生，稷是姜嫄履巨人迹而生。神话归神话，背后有真实的历史。我以为契与稷，很可能都是帝喾二妃所收养的儿子。根据是什么？其一，姜嫄是帝喾正妃，简狄是帝喾之妃，若稷与契是帝喾亲生，其出生本来就很高贵，根本无需造出生神话。其二，稷与契与尧是同父异母兄弟，却少于尧至少三十岁以上。舜传位给禹时，禹让于稷与契，也就是说，稷与契在禹启之时仍活着（此时尧已死多年）。一位君王的正妃所生之子，晚于次妃之子数十岁，不是很可疑吗？其三，稷在尧之时任农官，契长而佐禹治水，如是帝喾嫡子，二人或有封国，不至于致任此微职。

二、商周的迁徙文化

商人的迁徙，史有明文。“殷人之屡迁，前八而后五”（张衡

《西京赋》)，商人为何迁徙，历史学家聚讼纷纭。我们思考这一问题要注意两点：其一，商的迁徙，是回归式的迁徙，契始封于商（商丘附近），中间一度迁徙至河北、山东，后商汤迁殷（安阳），终于安定下来，其迁徙的起点与终点相距甚近；其二，不单商人迁徙，周人也在不断迁徙，“古公亶父，来朝走马，率西水浒，至于岐下”(《诗经·大雅·緜》)。不是在迁徙吗？周始封于邰（陕西扶风），其后世一度与戎狄杂处，公刘国于豳，最后至于岐下。商与周的迁徙，我以为禹夏之时，商周不得志，因为他们是帝喾一系的后裔，而禹夏是颛顼系的，其迁徙是被迫的，用现在的话说，就是被边缘化了。但商与周正是在被排挤、歧视、迫害的过程中艰难求生存、不断发展的，“天行健”“自强不息”，这样的精神产生并深植于商周民族的迁徙发展的过程之中。

三、“飞雉登鼎”背后的故事

“武丁祭成汤，明日，飞雉登鼎耳而呴。武丁惧……祖己乃训王。”(《史记·殷本纪》)武丁祭其祖成汤时，飞雉登上祭鼎，高声鸣叫不已，这是一个凶兆，故祖己借此凶兆告诫武丁修德爱民。在一大段养德爱民的正确废话之后，来了一句“常祀毋礼于弃道”引发读者的联想。参考《尚书·高宗肜日》有“呜呼！王司敬民，罔非天胤，典祀无丰于昵”之语，可知武丁可能在祭祀时厚此（自己的直系先祖）薄彼（非直系的历代商王）。因为商的继承制度，是嫡长制继承制与兄终弟及制相结合，我们从盘庚时开始算起，盘庚传弟小辛，小辛传弟小乙，小乙传子武丁。也就是说，盘庚和小辛都不是武丁的直系先祖，却是正统商王，如武丁厚祭小乙、小乙之父，而怠慢了小辛和盘庚的话，这是不合祭礼的。祖己是武丁朝的贤臣（也许他本人也具有商王室血统），故借此训之。要知道，祭礼的不当，不纯是一个礼节的问题，若武丁怠慢先王，很可能激起盘庚和小辛的后裔的愤怒（他们没能继承帝位，已经够憋屈的了），商王朝会因这样的小事而分崩离析。儒家重视祭礼，是因为祭礼所包含的宗亲血统的内涵，而宗亲血统又关乎宗庙社稷的稳固，可不慎哉，可不慎哉！

红颜不是祸水，夺嫡才是大罪

一、商周文化不同

周与商的祖先，稷和契，都是身份血统颇多疑问的帝喾后裔，在禹夏王朝，他们是不断被边缘化的。虽同出一宗，但文化不同。商的文化是敬天事鬼，周却是爱民利物。大概因为商的迁徙方向是向东，融合了滨海民族（主要是东夷）的神秘文化。周却始终转徙于豳雍之际，虽与戎人杂处，却“贬戎狄之俗，而营筑城郭室屋，而邑别居之”（《史记·周本纪》）。保持着农耕民族的淳朴本色。商王的名讳，多甲、乙、癸、辛之类，或来自干支，或源于卜筮，总之与天相关；周王的姓名，却多昌、发、燮、静，颇含道德砥砺的意思。商信天命而周重人文，可见一斑。

二、灭商前周已自立

商汤灭夏，商与周的关系，就从原来的难兄难弟，变得复杂而微妙。但我们绝不能以为，商为天子而周为臣，有直接的上下属关系。他们仍然是两个独立的民族、邦国，不过是商大周小，周不得不暂时臣服，这一点类似于吐蕃、南诏与唐的关系。周，仍可以作为独立民族而发展。但当西伯“积善累德，诸侯皆乡（向）之”，终于引起帝纣的疑忌并被囚于羑里，经闳夭等进献美女珍宝而获释。我们在慨叹纣王之贪愚时，也不禁要思考一个问题：纣何不直接杀了西伯呢？要知道，西伯代表的是周国，周作为一个具有强大凝聚力的部族，不会因为西伯被杀就对商臣服，反而会激起更强烈的反抗。所以，纣即使杀了西伯也是无济于事的。纣囚西伯，只是一种警告。实际上，此时的商王对周已是毫无办法，只好收了美女珍宝做个顺水人情。此后西伯“阴行善”，稍微低调了一点。但仍然服虞芮，伐犬戎、密须，败耆国，事实上已在代行天子的权责。当纣王说出“不有天命乎？是何能为”的话时，也只是用天命说来麻痹自己，其实他的内心已是充满了恐惧，勉强拖延时日罢了。文王崩，武王立，改法度，制正朔。有人怀疑周不应在灭商前自立。其实，在西伯之时即已代行天子之事，武王继位，更不把商放在眼里了。盟津之会能号令八百诸侯，岂一朝一夕之功哉！牧野之战，只是压倒商的最后一根稻草而已。

三、第一次伐商为何中道而返

武王载文王木主伐纣，会盟津者八百诸侯，但武王却因一个预兆中途而返。这个预兆是什么呢？“中流，白鱼跃入王舟中”，“既渡，有火自上复于下，至于王屋，流为乌，其色赤，其声魄云”。商主金，色尚白，白鱼喻商；周主火，色尚赤，火与赤乌皆应是指代周。白鱼自投于舟，似是自投罗网、兵不血刃之意，火自上而下化为赤乌，魄者破也，似说伐商必破。但此预兆却并不鼓舞武王继续进攻而是毅然还师，“女（汝）未知天命，未可也”。因吉兆退兵，读史者难免疑窦。但读到下文就豁然开朗了，“居二年，闻纣昏乱暴虐滋甚，杀王子比干，囚箕子”。反推第一次伐纣时，比干、箕子仍在朝，贤人在朝，此时进军，焉得有牧野倒戈？白鱼焉会自投于舟？我未至最强，敌未至最弱，不可伐也。武王深知以小易大，改朝换代，必一击而成功，不打无把握之仗。蜀魏之争，武侯六出祁山，终殁于五丈原。呜呼，我未强而敌不弱，六出亦何能为？知其不可为而为之，难矣哉！

四、周封商于宋的时间

封商于宋的时间，《史记》有明文，是“周公奉成王命，伐诛武庚、管叔，放蔡叔。以微子开代殷后，国于宋”。但诸子史传有异说，以为武王之时即封商矣。我以为《史记》不误。武王伐纣后，二年而崩。当时“为殷初定未集，乃使其弟管叔鲜、蔡叔度相禄父治殷”。实际上是将殷之后监管于邶、鄘、卫之地，以防其作乱。没想到监管人与被监管者联合叛乱，给周公造成极大的威胁。周公将之镇压后，封商于宋，说是封，事实上是直接置于周公监管之下。要知道周公、召公营建东都洛邑，就是为了镇抚东方部族（商在东方根基深厚，而周的根据地却在关中，若不出关中，必不能威慑东方），而宋与洛邑之地理位置邻近。此时商之后裔即便有天大的胆子，也不敢在周公眼皮底下作乱。周公封于鲁，姜太公封于齐，周之元老重臣皆领国镇抚东方，可见商之残余势力亦不容小觑也。

五、红颜不是祸水，夺嫡才是大罪

周幽王宠爱褒姒，烽火戏诸侯，演一出拿天下当儿戏的闹剧，终于亡国败家，为天下笑。贤者通常寡欲，好色难免昏庸。但好色不是昏庸的主要内容，也不是最大的罪过。天子也是人，好色是人之常情；但因为好色，置天下民生于不顾，视祖宗法度如儿戏就不行了。废长立幼，废嫡立庶，乱了周代立国数百年的法统，这才是最大的罪过，也产生了最致命的政治危机。设若幽王对褒姒宠爱无极，但头脑还能保持清醒：只要确保宜臼的继承权，这天下也不至于乱得不可收拾。这褒姒即便要独占宠爱，但也必须明白，庶出的儿子越俎代庖，势必小命不保。利令智昏，宠极德丧，幽王与褒姒终于触动了禁区，申后废，太子逃，“申侯怒，与缯、西夷犬戎攻幽王”，“杀幽王骊山下，虏褒姒，尽取周赂而去”。事实上，这西夷犬戎并没有安静地离开，而是贪索无厌、尾大不掉，年幼的平王不得不东迁雒邑，依倚诸侯，演出一段春秋战国的传奇，周业浸衰矣。幽王死，非死于宠褒姒，而死于乱法度。周室衰，非衰于昏幽王，而衰于幽王无贤臣。幽王褒姒乱政时，未闻有贤臣谏诤也。盖一国之衰，先衰于民风，次及于臣品，终至君德败、国体危矣。呜呼，风教法度，盍可忽之哉，盍可忽之哉！

秦晋关系之离合与秦之自强

一、秦的起源与文化基因

《史记·秦本纪》开篇曰："秦之先，帝颛顼之苗裔孙曰女脩"，女脩吞玄鸟之卵生大业。故秦之祖只能追溯到大业。太史公不言大业之生父，盖疑未能明。《左传》疑秦、赵之祖为少昊氏，不可信。少昊是黄帝之子，焉得为女脩之夫（女脩是黄帝四世孙）。观黄帝子孙多与诸部族结为婚姻，而黄帝诸女孙嫁与周边部族甚至远嫁蛮夷，也是情理中事。女脩子孙中，大费善调驯鸟兽，孟戏、中衍皆鸟身人言并善御，非子好马及畜。秦之图腾亦作鸟形，秦之俗尚人殉，颇令人怀疑其父系为东夷之部落。（同样用生人殉葬的还有商部落，而商与东夷部族也颇有渊源。）秦既可能具有东夷部族的血统，其居处却又接近西戎，在长期的争霸中与华夏族频繁接触、斗争与融合，秦文化里包涵了东夷、西戎与华夏的文化因子，因而具有蓬勃的生命力，秦能后来居上成为最强大的诸侯国也就顺理成章了。

二、秦晋关系之离合

秦始祖名曰非子，非子善养马，得宠于周孝王（公元前891—886），始有封邑。至秦襄公时始有封国（公元前770年左右），在春秋各诸侯当中，根基最浅，身份最卑。晋之封国，始于周成王之时，著名的桐叶封弟的传说，既说明晋受封之神奇，又彰显了晋身份血统之高贵。齐与晋是最早争霸的国家，可以想象，以发展中的秦国，与强大的晋交往，一开始肯定是低调的，秦要巴结晋，故与晋世代通婚，结为“秦晋之好”。秦穆公之时，晋国内部动乱，秦趁机扶持晋公子夷吾、重耳归国，试图在晋国内部扶持亲秦的势力，但夷吾、重耳却不买秦的账，终与秦晋决裂。在互有胜败的韩原之战、殽之战、王官之战中，秦终于取得决定性的胜利，从此晋国一蹶不振，直至被三家所分。可以说，春秋之世，秦的主要对手是晋，战国之世，秦的主要对手是赵齐楚，当然，赵也是晋之绪余。

三、由余言礼乐法度不如戎夷

由余受戎王之使于秦，秦向其展示宫室仪仗，由余反讥之：礼乐法度，必使“上下交争怨而相篡弑”，不如蛮夷“上含淳德以遇其下，下怀忠信以事其上，一国之政犹一身之治，不知所以治，此真圣人之治也”。秦国之文化，本杂戎夷，在向华夏族学习的过程中，也不断“进步”，开始有了礼乐法度，但根基终究不牢固，所以缺乏自信，由余一席话即能摇动其心。虽然戎王终于被美色迷惑，失其“淳德”，由余也归顺了秦国，但秦从此对礼乐文明也不再有向往之心。秦开始在蛮夷和礼法之间，寻找更适合于秦的“法度”，这即是后来的商韩之法。

四、秦国的人才政策与商鞅之死

秦国之用人，唯才是举，不拘一格。观秦国之文武将相，百里奚、蹇叔、张仪、李斯、商鞅、白起等皆非秦人，与其说楚才晋用，不如说楚才秦用。商鞅在秦国变法，大获成功，但终于被宗室所忌而获车裂之刑。商鞅虽死而法不废，可见宗室虽能报复商鞅，却不能变更法令，即是说，秦国之法令并未掌握在宗室手中，外来人才已形成足够庞大的群体，足以与宗室抗衡，他们拥护新的法令而保存了变法的果实。战国时楚国有吴起变法，不幸楚悼王死，吴起遂被万箭穿心，其人与法俱废。吴起与商鞅同是外国人而到他国变法，商鞅死而法犹存，吴起死而法俱灭，其人与其国命运均不同。与其说变法是秦崛起的根本原因，不如说秦国开放的人才政策，既保证了秦的强大，又保存了变法的果实。人才，终究是国家强大的根本。

寒食无关介子推

寒食节、清明节马上就到了，寒食的风俗今虽不存，但寒食节的来历，多数人认为是纪念介子推。民间传说当年晋公子重耳饥困于流亡之路，情急之下，介子推割股以啖之。后来重耳辗转于诸侯之国，辛苦备尝，终于回国主政，是为晋文公。开国之初封赏有功之人，随从皆得封赐，独独忘了介子推。子推也不计较，只携了老母归隐到绵山。经人提醒，晋文公想起介子推的功劳，要追封其为大夫，被介子推坚拒。重耳为逼他出来，竟放火焚山，可怜介子推母子被活活烧死在绵山之上。晋文公悔，改绵山为介山，以表彰这位节义之士，并令此日不得举火，以纪念介子推之节操。

这故事传诵既久，很少有人认真思考。其实这里面有一个疑问是：绵山不知是怎样的一座山？如果山很小，不用烧也能找得到子推；如果是一座大山，放火烧山不知会伤及多少百姓？六十岁的老重耳此时刚回晋国主政，岂能鲁莽做出伤天害理的事情？其实我们去翻看史籍，发现从春秋到西汉中叶，根本没有介子推烈火焚身的情节，更加重了这个疑问。

《左传·襄公二十四年》提到介子推故事：晋侯赏从亡者，介之推不言禄，禄亦弗及……其母曰："能女是乎？与汝偕隐。"遂隐而死。晋文公求之不获，以绵上为之田，曰："以志吾过，且旌善人。"不言焚介子推事。

《吕氏春秋·介立》：晋文公反国，介子推不肯受赏。（中略）遂背而行，终身不见。亦不言被焚事。

《史记·晋世家》：（晋文公）赏从亡，未至隐者介子推。（中略）使人召之，则亡。遂求所在，闻其入绵上山中，于是文公环绵上山中而封之，以为介推田，号曰介山，"以记吾过，且旌善人"。不言晋文公焚绵山事，而是找不到介子推，就将绵山整个封赐给了介子推，此时子推尚存。

以上三种史籍，皆不言焚山事，直到刘向编《新序》才加上了这个情节："文公待之不肯出，求之不能得，以谓焚其山宜出。及焚其山，遂不得出而焚死。"可是相较于前三种史籍，《新序》并不是严肃的历史著作而只能被视为野史笔记，刘向大概是一个读书很多但不会审慎思考的人，他的几部书如《新序》《说苑》《列女传》杂采诸书，使真实历史变异，最后面目全非。今人不信《左传》《史记》而信刘向之书，不亦谬乎！

介子推既得善终，晋文公重耳也能真心悔过，未行此残忍不义之事，明白了事实真相，对两个人物的评论都会比较公平，不会像唐代诗人卢象《寒食诗》里激愤地说，"子推言避世，山火遂焚身。四海同寒食，千秋为一人”，“可叹文公霸，平生负此臣”。咏史诗的尴尬在于，当我们评论的历史事实经不住推敲，诗人又为之投入过剩的激情义愤，多少显得有点可笑。学问是诗才之根底，无学问而轻率作咏史诗，说不定就会遇到这样的尴尬。

世间的故事，传播时间越长，就越是添枝加叶耸人听闻。世人的心理，只要新奇炫惑而不顾及真实，历史渐渐被遮蔽，人心的真淳也渐变为矫饰，当今演艺界靠炒作宣传大获成功，不正是抓住人们好奇趋新的愚蒙之心吗？

介子推并非被焚而死，那寒食节与介子推就没有关系了。寒食节究竟因何而来，迄今无定论。有学者以为是祭火神，但祭火神竟然不许举火，实在令人想不通。我以为还是和祈雨有关，寒食、清明相邻，清明之后，正是播种季节，最要雨量丰沛。在清明之前禁火，以表祈雨的诚意，水火不相容嘛，禁火即是望雨。咦，我这样来杜撰，是不是也有点像刘向的胡编乱造？

谁在一鸣惊人？

《史记·楚世家》云：

> 庄王即位三年，不出号令，日夜为乐，令国中曰："有敢谏者死无赦！"伍举入谏。庄王左抱郑姬，右抱越女，坐钟鼓之间。伍举曰："愿有进。隐曰：'有鸟在于阜，三年不蜚不鸣'。是何鸟也？"庄王曰："三年不蜚，蜚将冲天；三年不鸣，鸣将惊人。举退矣，吾知之矣。"（中略）于是乃罢淫乐，听政，所诛者数百人，所进者数百人，任伍举、苏从以政，国人大说。

一、关于伍举年龄问题

庄公三年，伍举进谏；灵王三年，伍举曰："昔夏启有钧台之飨，商汤有景亳之命，周武王有盟津之誓，（后略）。"从庄公三年到灵王三年，间隔七十三年。庄公时伍举年几何，灵王时伍举年又几何？假设庄公时伍举年二十余，则灵王时近百岁矣，不亦太长寿乎？蹇叔谏秦穆公袭郑，穆公骂他“中寿，尔墓之木拱矣”（《左传·僖公三十二年》）。中寿指八十岁。八十岁的蹇叔已被视为老朽了，九十余岁的伍举竟能随楚灵王会盟于申，不是太传奇了吗？

伍举之子伍奢，死于平王六年（公元前522年），若伍奢死时年六十，则伍奢生于公元前582年；若伍举生伍奢时年四十，则伍举出生于前622年。庄公三年（公元前610）时才十三岁呢。若欲使伍举在平王时成年，假如他出生于公元前632年，则必须实现以下条件：

1. 伍举年二十三岁即出入宫廷，进谏楚庄王，且被任用为大臣；

2. 伍举年六十左右才生子伍奢；

3. 伍举年九十五岁还活跃于政坛，参与灵王与诸侯会盟事宜。

要满足此三项条件，可能性不是太小了吗？故：伍举并未劝谏楚庄王。

二、谁在“一鸣惊人”？

在《史记·滑稽列传》中，“一鸣惊人”故事的主角是齐威王和淳于髡：

> 齐威王之时喜隐，好为淫乐长夜之饮，沈湎不治，委政卿大夫。百官荒乱，诸侯并侵，国且危亡，在于旦暮，左右

莫敢谏。淳于髡说之以隐曰："国中有大鸟，止王之庭，三年不蜚又不鸣，不知此鸟何也？"王曰："此鸟不飞则已，一飞冲天；不鸣则已，一鸣惊人。"于是乃朝诸县令长七十二人，赏一人，诛一人，奋兵而出。

两个一鸣惊人的故事，一在楚国，一在齐国；一在春秋，一在战国。时间空间相距如此遥远，不是太奇怪了吗？

先秦典籍中，此故事所载各异，故事的主人公在《战国策》中是齐威王，在《韩非子》《吕氏春秋》中是楚庄王。值得注意的是，《左传》里面并没有记载这一著名的故事——这倾向于说春秋时这个故事并不出名或者竟至于没有。那究竟是谁在一鸣惊人呢？我以为，楚庄王虽然是一鸣惊人，但并没有三年不飞。其根据有三：

其一，楚庄王时楚国内忧外患，不存在三年不听朝政的条件：楚庄王元年，公子燮与子仪作乱，败死；楚庄王三年，楚大饥；庄王三年，戎攻楚西南之阜山、大林（今湖北房县西南），又攻其东南之阳丘、訾枝。群蛮亦叛楚。如此情形下，楚庄王还能左抱郑姬右抱越女？那国家早垮了，不是吗？

其二，楚庄王初年，楚国面临极大的发展机遇。楚庄王是楚国最伟大的君王，他广纳贤才，终于在海边得到孙叔敖，此后内外并举，国力大振——若说他要韬晦三年后才如此作为，实在看不出有什么必要。

其三，谐隐之风盛于齐而未必盛于楚。《史记·滑稽列传》记隐语者，始于淳于髡；《庄子》所谓引《齐谐》之书者（疑即是齐国的谐隐之语的记录，《逍遥游》中的大鹏也许就是隐语中的片段）；《文心雕龙·谐隐》论谐隐首重齐之淳于髡；汉之谐隐之雄东方朔是山东（齐国）人；汉代善谐隐之枚皋是楚州人，其地在苏北，亦近于齐。

所以，《史记》所载楚庄王“一鸣惊人”的故事应是误记。

说“持满者与天，定倾者与人，节事者以地”

《史记·越王勾践世家》中讲到勾践伐吴不利，困守会稽，他对范蠡说：“以不听子故至于此，为之奈何？”范蠡说：“持满者与天，定倾者与人，节事者以地。”先讲了三句大原则，后面具体说如何如何。这几句原则性的话乍听起来似乎明白，细究之下也未必确知其意。这三句话要想解释得丝丝入扣，还是要费一番心思的。

1. 持满者与天——满，盈也。持满，使满持，即维持盈满（优势）的状态；与，如也。维持优势状态必须符合天道——此句在检讨伐吴不利的原因，战前范蠡劝勾践说“兵者凶器也，战者逆德也，争者事之末也”，“上帝禁之，行者不利”。因为这次越王向吴国发动的战争不符合天道，所以导致目前的失败。

2. 定倾者与人——倾者，危也。定倾，使倾定，使目前危急的状态得以缓和。——这一句是讲当务之急是想办法顺应人（对方）的心理，缓和当下危急事态，具体来讲就是“谦卑以自牧”，卑辞厚礼以骄吴王之心。人之心好受尊崇，如果能充分满足吴王的虚荣心，才可能求得目前危机形势之缓和。

3. 节事者以地——事者，未来之事；节者，序也，顺也，使事节，即要使未来事态的发展符合我们自己的节奏，转被动为主动，变不利为有利。——这一句是讲假如能渡过目前的难关，我们在很长一段时间内还处在弱势地位，我们就必须如大地一样厚德载物，励精图治，卧薪尝胆，忍人所不能忍，为人所不敢为，假以时日，必能赢回战场上的主动权。

这三句，第一句检讨从前，第二句拯救当下，第三句图谋将来，环环相扣，逻辑完整，此后整个事态向着范蠡预计的方向发展，这才是伟大战略家的本色。想想毛泽东的《论持久战》一文，第一部分批驳失败论和速胜论的荒谬，第二部分深入分析敌我双方的形势，第三部分是论持久战的原则及我方必然获最后胜利的根本原因。此后事态的发展也正如毛泽东所预料，这才是高屋建瓴、捭阖天下的大手笔。遥想当时吴越之争中范蠡对勾践所陈述的三大原则，不也是了不起的大文章吗？

说勾践灭吴之真正的幕后推手

一、夫差“卧薪尝胆”的故事

勾践“卧薪尝胆”、矢志复仇的故事妇孺皆知，夫差“卧薪尝胆”的故事，如不读《史记·吴太伯世家》就未必知道了。“十九年夏，吴伐越，越王勾践迎击之槜李（在嘉兴）。三行造吴师，呼，自刭。吴师观之，越因伐吴，败之姑苏，伤吴王阖庐指，军却七里。吴王病伤而死。阖庐使立太子夫差，谓曰：‘尔而忘勾践杀汝父乎？’对曰：‘不敢！’三年，乃报越。”勾践的战法有点像“神风敢死队”，又像“自杀式恐怖袭击”：令死士在阵前大呼自刎，敌军惊愕之际，伏兵齐出。这种突袭的方法好处在出其不意，缺点在于不能重复运用。但一次也就够了，一代雄主阖闾不幸在此战中伤口感染而死（照理，伤吴王阖闾指不致毙命，故理解为伤口感染）。死前告诫夫差不能忘乃父之仇，夫差谨记，据说为了复仇，夙兴夜寐，卧薪尝胆，每天让卫士提醒自己：“乃而忘勾践杀汝父乎？”（夫差）对曰：“不敢。”三年之后，夫差在椒山击败越军，一雪嘉兴战败之耻。

二、夫差为什么放弃灭越

三年忍辱，一朝战而胜之，何不乘胜追击，斩草除根？却又被伯嚭蛊惑，“卒许越平，与盟而罢兵去”。一方面是勾践、文种卑辞厚礼，极大地满足了夫差的自尊心；另一方面，越虽败而精锐犹存，故文种对夫差说，“不幸不赦，勾践将尽杀其妻子，燔其宝器，悉五千人触战，必有当也”（《史记·越王勾践世家》）。话语中有威胁的意思；又，吴王欲挟败越之势，北上与齐争锋，若穷其力以灭越，一来尚需时日，二来勾践可选择南逃，像塔利班一样在越闽山区打游击，一时间也未必能除尽。而夫差急于北上的雄心又是由谁来煽动的呢？

三、子贡游说四国及其对吴国的影响

《史记·仲尼弟子列传》中讲到“田常欲作乱于齐，惮高、国、鲍、晏，故移其兵欲以伐鲁”，孔子担心鲁国的安危，故派子贡去游说齐、吴、越、晋四国，劝齐国放弃伐鲁计划，“不如伐吴”；又至吴国，劝吴王“救鲁伐齐”；又至越国，劝勾践伺吴之败，相机伐吴；又至晋国，劝晋国伐吴保晋。最后吴伐齐大胜；吴晋争强，晋军大败吴师；“越王闻之，涉江袭吴”，“三战不胜，城门不守，越遂围王宫，杀夫差而戮其相。破吴三年，东向而霸”。

“故子贡一出，存鲁，乱齐，破吴，强晋而霸越”。五国相乱，受惠最大的是越国，其次鲁国，最惨的是吴国了，可是子贡怎么就能轻易地劝说吴王出兵伐齐呢？

四、夫差争霸的雄心与吴的毁灭

要知道，齐、晋是当时诸侯的霸主，吴国从一个偏僻小国，要想跻身于强国行列，必须要战胜大国，才能树己之威信。换言之，吴即使灭了越国，也不足以称霸诸侯。故子贡对夫差说：“夫伐小越而畏强齐，非勇也”，“今存越示诸侯以仁，救鲁伐齐，威加晋国，诸侯必相率而朝吴，霸业成矣”。也许是“诸侯必相率而朝吴”的美好愿景打动了年轻气盛的夫差，让他觉得自己很有可能成为吴国历史上最伟大的中兴之主，这比灭越更能够雪耻，也更对得起列祖列宗，更重要的是，可以使自己“立功”成为不朽的神话。不过夫差忘了，齐晋称霸，都是数十年经营的结果，而吴国想因利乘便，凭一两次战争就获霸主地位，也未免太侥幸了吧。

五、勾践灭吴

最后的结果是众所周知的，越国趁晋吴之战，吴国国中空虚，遂起而灭吴。不过在灭吴之前，越国也要有所行动，来坚固夫差伐齐称霸的信心，他表示愿“悉起境内士卒三千人，孤请自被坚执锐，以先受矢石。因越贱臣种奉先人藏器，甲二十领，鈇屈卢之矛、步光之剑，以贺军吏”，“吴王大说”，除了不让勾践亲自来助战外，其他的都接受了。既然越国成了他的附属国，越军精锐当了他的雇佣军，击败齐、晋是指日可待了。我们可以想象夫差当时踌躇满志、信心满满的样子。自以为是的人，即是处在最危险境地中的人，历史是如此，现实不也是如此吗？

论春秋战国时期所谓文化

春秋战国时文化究竟是什么状况，我们不能依凭文化史、哲学史的表面叙述，而要切合当时的历史实境。我以为春秋时的文化，至少要从以下层面来分析：

一、周代文化的遗存；

二、正在兴起中的诸子百家的思想学说；

三、作为制度和主流意识形态的文化。

春秋时期礼崩乐坏，周文化已从制度层面渐渐退出历史舞台，主流意识形态呈现出巨大的真空，这就为诸子百家的产生提供了条件。诸子百家的思想，大多也是继承三代，只不过，已产生巨大的发展和变异：

一、有完整继承周代文化并略作损益者，如儒家；

二、有从周文化中继承一个方面并加以极端发展者，如法家；

三、有继承三代智慧并加以创造性发展者，如道家、阴阳家、兵家；

诸子思想皆与三代文化相关，不同的是，由于主流意识形态是真空，他们都在竞争，希望自己成为主流，可是他们中有几家能如愿呢？

一、儒家，从来都没有在春秋诸国中成为主流意识形态；

二、黄老道家，一度在齐国非常流行，接近主流地位；

三、法家，一度在齐国（管仲）、郑国（子产）、魏国（李悝）和秦国（商鞅）成为主流意识形态，是秦国统一天下的重要制度保证；

四、兵家、纵横家和阴阳家，盛行于多个国家，在某一个方面发挥着重要作用。

诸子百家中，只有法家成功地成为主流意识形态，特别是在秦国法家执行得最坚决，法家解决了其他国家不能解决的难题——王位继承和政权稳定问题。由于秦朝坚定的法家政策，削弱了贵族的权利，使全国成为准军事化国家，从而具有极强的战斗力和凝聚力——前提是，该国人民能忍受这种制度。而至于其他国家，并没有哪一种文化成为主流意识形态，即便曾经有过但马上又改弦更张了（如齐国和郑国），他们大多只能靠着已经崩坏了的周代文化残余，和其他什么七拼八凑的思想维持着自己的统治。除秦国外，很少有国家能杜绝大臣的篡权和诸公子的争位，人心涣散，国家陷入持续的内斗，甚至为外姓窃取。由于缺乏完整的制度文化，齐、晋、楚这些大国本来有很好的条件和秦抗衡，但都无一例外地失败了——这不是先进的周文化被法家文化击败，而是崩坏的、混乱的周文化残余落败于法家文化。

当时的诸家思想，在民间的传播极其活跃。毫无疑问，各个国家都能接触到其他国家的思想：楚国的重农学派许行跑到滕国去，遭到孟子的批判；卫国的吴起跑到楚国去，结果被乱箭射死；郭店楚简中的儒家，结合着阴阳五行的思想；稷下学宫中，不知有多少门派在那里吆喝着自己的主张——很多种文化，就像很多个流浪汉，向着有利于自身发展的方向旅行。他们有时候是单独一个，有时候结成团伙帮派；有时候成功了，有时候也死得很惨。楚国当然也在学习接受各种文化，正如其他国家一样。只是楚国固有的传统，很坚决地排斥着不利于自己的主张，特别是法家限制贵族权利这一项更让他们深恶痛绝，而儒家在楚国，也正如在其他地方一样，仅仅是点缀门面而已，从来没有被诚心诚意地接受——“汤禹俨而祇敬兮，周论道而莫差”（《离骚》），这样的句子只出现在屈原的诗篇中，而不会出现在楚怀王的治国大纲里。

诸子百家中，最努力的是儒家，最不成功的也是儒家。在以力相争的时代，仁义礼智只是辞令，先王之法也只是笑谈。“何必曰利”？孟子的痛心疾首，正折射当时诸国的心态——他们要的是直接利于吾国、利于称霸的思想，一心平治天下的儒家，对野心勃勃的诸侯来说，只是遥远的乌托邦。我们又何必以天真的学究之心，来揣测其心各异的各路军阀？

想想当年的老大帝国，被强悍的列强打得一塌糊涂，这也是崩坏了的中华文化，败于崛起的西方文明。而我们向他们学习的，其一曰船坚炮利，其二曰富国强兵，其三曰民主科学，都是有利于吾国的东西，西方人基督教思想中的博爱与互助、正义与理性、优雅的学问谈吐，又哪里是我们优先选择的学习对象呢？“何必曰利”，终究只是孟夫子的愤激之辞，其实无论古代或者今天，我们都实实在在要“曰利”的。

说司马错伐蜀背后的故事

《史记·张仪列传》讲到秦惠王“欲发兵以伐蜀”，犹疑不定，“司马错与张仪争论于惠王之前”。最后秦惠王听取司马错的意见，“卒起兵伐蜀，十月，取之，遂定蜀”。“蜀既属秦，秦以益强，富厚，轻诸侯。”

张仪与司马错辩论的一段文字很长，处处显出司马错的深谋远虑和张仪的目光短浅，这样的描述让人怀疑：在张仪的本传里为何要特别彰显他人的志气，而灭了传主的威风？而且，平蜀之事，是否只是司马错一人之功绩？《史记正义》引《华阳国志》云：“苴奔巴，求救于秦。秦遣张仪从子午道伐蜀。”

《华阳国志·蜀志》记载秦惠王伐蜀始末甚详，司马错、张仪均有功焉：

> 秦惠王方欲谋楚，群臣议曰：“夫蜀，西僻之国，戎狄为邻，不如伐楚。”司马错、中尉田真黄曰：“蜀有桀纣之乱，其国富饶，得其布帛金银，足给军用。水通于楚，有巴之劲

卒，浮大舶舩以东向楚，楚地可得。得蜀则得楚，楚亡，则天下并矣。”

六年，陈壮反，杀蜀侯通国。秦遣庶长甘茂、张仪、司马错复伐蜀，诛陈壮。

惠王二十七年，（张）仪与若城成都，周回十二里，高七丈。”

《华阳国志》并没有贬损司马错谋蜀伐蜀的功绩，也没有把张仪置于反对伐蜀的失策的位置，相反，张仪还是伐蜀中的主要将领，位阶在司马错之上，并积极营建成都，是伐蜀定蜀的有功之臣。那么，为什么在《张仪列传》中要扬司马错之长而显张仪之短呢？原来，司马错是韩城人，是司马迁八世祖。司马错的事迹不足以专门列传，故司马迁在《张仪列传》中进行插叙，其颂祖之情溢于言表，传主张仪不可避免地要受点委屈了。

刘禹锡的《登司马错故城》自注云：秦昭王命错征五溪蛮，城在武陵沅江南。看来定蜀之后，张仪坐镇成都，司马错继续向东进攻五溪，张、司马在这场战事中的主次地位是显而易见的了。

焚书坑儒源于秦廷内斗

一、“互见法”——秦始皇为吕不韦子而《秦始皇本纪》不及之

秦始皇或为吕不韦之子，民间有此传说。《秦始皇本纪》载“庄襄王为秦质子于赵，见吕不韦姬，悦而取之，生始皇”，不言嬴政是吕不韦子。但《吕不韦列传》叙之甚明：“吕不韦取邯郸诸姬绝好舞者与居，知有身。子楚从不韦饮，见而说之，因起为寿，请之。吕不韦怒，念业已破家为子楚，欲以钓奇，乃遂献其姬。姬自匿有身，至大期时，生子政。”同一事件，在本传不言，而在他书记之，既为尊者讳又不虚美隐恶，这即是所谓“互见法”。

二、秦穆公爱才，与秦始皇之用才有别

秦穆公以五羊皮赎百里奚，又信任蹇叔、孟明视等，不用蹇叔之言而致殽之败，深自悔责，其爱才可知。秦昭王用白起，长平一战重创赵国，因范雎之谗言不能竟其功，白起称病不出，秦昭王强起之，不从，被杀，昭王用白起，不及穆公之用奚、蹇。

秦始皇用吕不韦，用蒙恬，用韩非，用李斯，而此数人皆不得善终。尉缭子说：“秦王为人蜂准、长目、挚鸟膺、豺声，少恩而虎狼心。”欲去秦，“秦王觉，固止，以为秦国尉”，这是绑架人才而强用之，非求贤之道。爱才与用才之别，一在礼敬，二在有情。始皇用才而不能爱才，故贤才终有离心，宜乎其二世而败也。

三、秦始皇灭六国，置郡县，有功于天下

秦始皇的功绩，在统一天下，改封建为郡县。秦朝初定，丞相王绾欲封六国后，李斯谏阻之，始皇用李斯谋，曰：“天下共苦战斗不休，以有侯王。赖宗庙，天下初定，又复立国，是树兵也。”这是明智之举。分封诸侯，可行于三代，不可行于秦汉，此时势所必然。自三代以来，邦国并立，此春秋战国之乱源。秦统一天下，又分封诸侯，必致战乱再兴。秦汉之功业，在天下一统，秦用武统，汉用文统；无秦之武统，即无汉之文统，故秦平六国置郡县，是汉唐盛世之奠基，不可因秦之贪暴而抹杀其功业也。

四、焚书坑儒，源于秦朝宫廷之内斗

秦始皇之宫廷，原有四家势力，法家、兵家、纵横家、儒生与方士。天下一统，纵横家退出历史舞台，兵家之势力亦渐衰微；法家缺少新的表现空间，失去了原有的活力。而原先被忽视的儒生与方士的势力，却在潜滋暗长。始皇欲建封号，需儒生参与；始皇欲封禅，需“与鲁诸儒生议”；欲知“湘妃何神”，亦需“问博士”；欲长生，需用徐市、韩终、侯公、石生求仙人仙药。也就是说，随着战争的结束，秦始皇的追求，从平定天下转变到炫耀威武与追求长生，而儒生和方士也因此找到了他们表演的舞台。此消则彼长，方士与儒生的兴起，必然让以李斯为代表的法家势力忿忿不平，一直伺机反击，终于在博士淳于越进言时抓到了机会。平心而论，淳于越之建议，只是劝始皇分封其同姓子弟，即便不正确也无大罪，李斯却因此上纲上线，“入则心非，出则巷议，夸主以为名，异取以为高，率群下以造谤。如此弗禁，则主势降乎上，党与成乎下”。从反对淳于越之论进而对所有儒生及儒家学术进行毁灭性打击，终致焚书坑儒。朝堂议论，如出于公心，虽有错误也不致于祸，但李斯挟党争之私，贪酷之智，倾毁对手之余，涂炭天下斯文，此罪之尤也。有其主则必有其奴，有其奴必有其主，宜乎李斯之辅弼始皇也。

五、秦始皇求长生

秦之文化，与东夷有很深的渊源。而东夷文化发源于齐鲁滨海之地，滨海之地又是神仙道教之渊薮。邹衍、徐市皆齐人也，庄生谬悠之说多出自《齐谐》，故秦文化中，本有神仙道教之因子，秦始皇之笃信神仙长生之说，盖亦有自。但求仙之道，必心诚而后灵，恬淡寡欲、爱生利物、弃天下如敝履者方可为之。秦始皇欲得长生，又刚戾嗜杀，“天下之事无小大皆决于上”，劳心劳力，不得休息，如何能得长生呢？秦始皇之希求长生，与成吉思汗同。成吉思汗，能礼请丘处机远赴万里劝其“不杀”之道，朝闻道而夕死，虽不得长生，亦可以无憾。秦始皇为徐生侯生辈所欺，携所赐宝物扬帆东去，如小儿一般被诸方士戏弄，愚不可及。利令智昏，欲令智昏，诚哉斯言！诚哉斯言！

六、《秦始皇本纪》中的春秋笔法

太史公之于始皇，善叙其事，褒贬之意，往往点到为止。（1）借尉缭之言状其“蜂准”“豺声”之形，借侯生、卢生之言写其“刚戾贪酷”之心。（2）始皇自以为水德所归，“推终始五德之传”，“衣服旄旌节旗皆上黑”。这还罢了，又“数以六为纪，符法冠皆六寸，而舆六尺，六尺为步，乘六马”，愈发可笑。“更名河曰德水”，简直让人忍俊不禁——以始皇之贪鄙却自彰其“德”，改黄河为“德水”，不是很滑稽吗？（3）始皇欲封禅，显其威武，遂“上泰山”，“风雨暴至，休于树下，因封其树为五大夫”。让我们想想踌躇满志欲告其功于神明的秦始皇，被天神兜头浇一瓢冷水（雨）的情形吧，其狼狈之状可掬，而这“雨”，不是下得很有意思吗？（4）又“浮江，至湘山祠，逢大风，几不得渡”，当他得知这不过是湘水小神作怪后，“大怒，使刑徒三千人皆伐湘山树，赭其山”。水神警其过失，不自检过，却要唐突神灵，拿湘君出气，心胸狭隘不说，这样的作为又怎能指望神灵庇佑呢？（5）始皇欲长生，曰：“吾慕真人，自谓真人，不称朕。”乃令咸阳之旁二百里内宫观二百七十复道甬道相连，“行所幸，有言其处者，罪死”。以为自秘其踪，就可渐至神仙之境，这不是掩耳盗铃吗？而正是这一点，使他在晚年被群小所包围，死在了鲍鱼堆里，他的万世基业，也因自秘其踪不得正常地传承，终于二世而斩了。（6）太史公评衡始皇，寥寥数语，引贾生《过秦论》洋洋洒洒数千言以终其篇，见不尽之意于言外。而贾生之论，唯有“怀贪鄙之心，行自奋之智”十字最能传始皇之神情，美哉贾生之雄文也！

陈胜吴广为何在大泽乡起义

陈胜、吴广本河南人，为何在大泽乡（在今安徽宿州）起义？盖秦初征南越，陈吴等本是派往南方之戍卒（从揭竿情形看，陈吴是兵油子而不是新兵）；后秦又欲北击胡，调南兵驻北。从南往北，经河南是捷径，何必绕道（安徽）？盖畏戍卒逃逸也。不料遇雨失期。种种因缘聚合，士卒揭竿而起，径归陈（河南）而王，殊无西进之意（正满足了这一群士卒的基本愿望）。盖陈涉之志，只在“苟富贵”，无取秦代之之意矣。

陈吴起义前后，秦朝的军事战略从南征转向北讨，其兵员势必有调动。这几百名小兵征戍多年，亟盼回乡，若换防时经过他们的家乡，势必有逃跑现象。故从两广北上，绕道安徽，不料遇雨失期，本来就一肚子气的士卒被陈吴鼓动反秦，揭开了惊天动地的历史新篇章，其必然中有偶然也。

项羽的思维停留在战国时代

一、太史公为项羽作“本纪”

项羽未曾称帝，太史公却为之作“本纪”，要知道太史公的史笔，既严谨又通达，他不会拘泥于传主的名分，而是充分考虑到传主在历史事件中的实际贡献。不仅项羽有本纪，吕后还有本纪呢！孔子不是诸侯，也作了“世家”。这些都见出太史公史识通明。试问：没有项梁、项羽击破秦军主力，刘邦哪里能开得了国，称得了帝？项、刘争天下，当时势均力敌，若论历史的功绩，项亦不在刘之下。项羽生前不能称帝，死后史家追赠，也在情理之中。

二、项羽天赋过人

项羽力能扛鼎，才气过人。破釜沉舟、灭秦主力的功绩，足以彪炳史册。后人也许苛责鸿门宴上项羽的单纯无知，和入咸阳后的残暴任性，但请我们一定要考虑到，当年的项羽（公元前206年）只是二十六岁的小伙子，怀着楚国名将之后对秦灭楚的刻骨仇恨，做出了一些或成功或失败，有时气壮山河有时无法无天的事情。他没有诸葛亮式的政治方略，更像一个十八岁的男孩肆虐地破坏和复仇。项羽身上充满着梦幻般的力量和激情，而较少深沉的思虑和野心，他的可爱在此，他的失败也在此。

三、项梁、项羽的政治思维停留在战国时代

项梁、项羽是楚名将之后，他们的起兵，带有浓厚的为楚国复仇的动机。击败强秦，再现大楚帝国的辉煌。他们不敢冒然起兵，而是立了一个楚怀王以求名正言顺，也许项梁他们从没想过自己统一天下，称王称帝。项羽也是如此，他虽然鲁莽，其实很谦虚，看到秦始皇的威仪，只说了句“彼可取而代也”，而刘邦说的是“大丈夫当如此也”。——刘邦的野心一开始就比项羽大。项梁和项羽，似乎希望消灭强秦，重返六国时代，从来都没有想到可以由他们来建立新的统一的帝国。所以他们心甘情愿地领着楚军，在山东河北一带与秦主力决战，而不是弃赵不顾，直捣咸阳。项梁、项羽身上，背负着太多末代楚国的耻辱与责任，勇于复仇而不贪图霸业，这是他们的诚朴可爱之处，也是他们眼光狭隘之处；刘邦就没有这样的心理包袱，以十万军轻取咸阳——秦楚的恩仇，和他有什么关系呢？鸿门宴后，天下格局可由项羽来定，他毫不犹豫就恢复了周代的分封制，某为齐王，某为赵王，某为汉王，还把自己封为与他们并列的西楚霸王，更可笑的是，一定要到故乡彭城称王。试想想，偏居一隅远离政治文化中心的霸王，怎么可能箝制诸王攻城掠地的野心呢？即便刘邦不闹事，其他诸王也迟早会来与他争锋的。

四、屠秦降卒是大错，封刘邦于汉而用秦降将制之更是错上加错

秦曾屠赵降卒，项羽屠秦降卒，看起来是以牙还牙报仇雪耻，不一样的是，坑赵降卒有军事上的考虑，而坑秦降卒几乎无意义——秦法颇严，秦降卒即便再反（复秦），也会受秦法制裁。况且，此时刘邦即将攻破咸阳——项羽的军事情报太迟缓了。这且不说，封刘邦为汉王，又以秦降将抑之。刘邦既约法三章得秦人之心，项羽屠降焚城失秦人之心，怎么能指望秦降将会为项羽制衡刘邦呢？老范增是否劝谏项羽史无明文，但这的确是昏天黑地的政治决策。此后刘邦能轻易地定了三秦之地，与项羽抗衡并终于战而胜之，不能不说是项王的咎由自取。

五、项羽有范增不能用，范增之智亦不如陈、张

项羽帐下有范增，刘邦帐下有张良、陈平。人说项羽不能用范增之言，而实在范增之智亦有限：唠叨的多，可实行的少，终于被轻易反间。坑降卒、封诸王，我们看不到范增的劝谏。鸿门宴上，自以为高明的范增，也只想出一招项庄舞剑——这是多么拙劣的一招啊！如能趁项王之怒，设甲士于帐外，于宴前杀之可，于宴后杀之亦可，何必舞剑？反观陈平、张良，总能于刘邦不能决断之际，当机立断，主动献谋，化危机于无形——萧何追

韩信，也不必请示汉王啊。项羽之胸怀不如刘邦，范增之智谋不及陈、张，宜乎项羽之败也。

六、垓下之围即是“无韵之离骚”

项王兵败乌江，死前力战，骏马嘶，美人死，毕现了英雄末路的悲壮与豪情，此时人已忘情于成败，不计较得失，眼前只有苍茫的画面，胸中只有燃烧的激情，读者若于此地，还要追问项羽的成败得失，讨论项羽是否要过江东，总显得有些多余。就好像八十回的《红楼梦》，不需要结局，也不需要答案。历史的理性思考，与当事人并没有关系，时势至此，因果随缘，得失还有什么意义，只将生命中的最后一点力量迸发了吧。历史不是逻辑的推导，而是包含了多种偶然性，多种动机与力量综合的结果，谁能想得清楚呢？试想我们每个人的命运，能用逻辑来进行推导吗？太史公高于众史家之处，就是不把历史当作纯粹的客观的事实，而是天与人、人与人的复杂动机相互作用下的活的进程。文学，不也是如此吗？

非天之罪，非战之过，都是年轻惹的祸——说项羽

项羽出生于公元前 232 年，从公元前 209 兵起兵到公元前 202 年自杀，从辉煌的巅峰跌至谷底，总共不过八年的时间。这八年中项羽的经历很清楚：

1. 公元前 209 年，项羽二十四岁。随叔父起兵于苏州。（刘邦起兵略早于项羽，时年四十八岁）

2. 公元前 208 年，项羽二十五岁。项梁死，项羽开始单干。

3. 公元前 207 年，项羽二十六岁。巨鹿之战，创造军事史上奇迹。

4. 公元前 206 年，项羽二十七岁。鸿门宴上放走政治对手刘邦（时年 51 岁）。同年，分封诸王，达到一生事业的巅峰。

5. 公元前 205 年，项羽二十八岁。杀义帝。破汉王。继续胜利之势。

6. 公元前 204 年，项羽二十九岁。范增因离间被逐，回乡，卒。黥布反楚。呈众叛亲离之势。项羽、刘邦相攻伐，互有胜败。

7. 公元前 203 年，项羽三十岁。与刘邦战，胜少败多。项

羽粮尽，与汉议和，以鸿沟为界。被迫释放太公吕后。已现全面颓势。

8. 公元前 202 年，项羽三十一岁。被围垓下，自杀。（刘邦时年五十五岁）

楚汉相争，是青春斗不过老辣、年轻气盛被老奸巨滑绞杀的故事。

一位军事家二十五岁就可以成熟，而政治家的成熟则非要到三十五岁不可。林彪二十三岁当军长，项羽二十六岁败章邯，拿破仑二十九岁远征埃及。亚历山大二十三岁击溃波斯王大流士，这个纪录无人能破。

有三十岁之前成熟的政治家吗？不谈项羽，且看王明。1931 年，有苏联人撑腰的王明窃取了书记的大位，结果一步一步把年轻的苏维埃政权带到沟里，最后终于被推倒、下台。教科书上都说，王明的失败，是因为犯了教条主义和左倾冒险主义的错误。我们查查王明的履历表，他生于 1904 年，主政时，只不过是个年方二十七八岁的年轻人，除了学生运动之外，什么像样的军事政治斗争经验都没有。怎么能不教条主义呢？怎么能不冒险主义呢？

出名要趁早，对文艺家是好事。对一个政治家来说，机会来得太早，是场灾难。

三十岁之前，血气方刚，力量充盈，总在寻找着更强大的对手来展示自己的力量，其结果往往是把所有人都变成了自己的对手。项羽几乎把所有的诸侯王都变成了自己的对手，拿破仑把全欧洲都变成了他的对手。

三十岁之前，一意孤行。不太能听进别人的劝告，特别是那些倚老卖老的长者。不怪项羽抛弃范增，我们单从范增“竖子不足与谋”的语气，就知道范爷也从来没把这年轻哥们当领导。

试想想，假如你是二十五六岁的项羽，身边总有位七十多岁的老爷子，咳咳喘喘，老态龙钟，路都走不稳，还总想揪你耳朵来教训你，你会不会浑身不舒服，气不打一处来？

试想想，一个年方二十六岁的政治军事统帅，强势，暴躁，刚愎自用。他手下的人会是什么感受？又或者，真有才能的人，会想着投奔一位二十六岁的老总吗？

设想现有一家跨国公司，董事长年方二十六岁，出身名门，哈佛大学博士，才华横溢但不可一世，脾气火爆。而你呢，是一个历炼多年、正处于心智成熟期的三十五岁的职业经理人，你愿意去投奔他，在他手下做事吗？

如果年薪五百万，我愿意。

可这位不可一世的老总，特别喜欢训人，喜欢在大小会议上羞辱人，他曾经因为属下犯的小错误，在有三千人参加的会议上扇了某高管一耳光，而这样的事情下次也可能轮到你，你还愿意在他手下干吗？

不能忍的，拔脚走人了。另一家公司，年薪虽然只有三百万。但老总宽容大度，脾气温和。做事有章法，把手下当人看。

能忍的，还留下，但心里已埋下复仇的种子。他们会乐于看到年轻的董事长犯错误、干糗事。希望那飞扬跋扈的董事长倒八辈子霉，希望他失败、惨败，希望他灭亡、死得很难看。并且，永世不能翻身。

所以，为什么会四面楚歌？项羽身边最后只剩得十八骑，百万雄兵哪儿去了？只怕不全是为项羽战死了，而是，早已作鸟兽散——他们早就盼望着这天了；唱着山歌当逃兵，心里开心着呢！有些胆子大的，可能还会混在汉军里面，来瞅瞅自己那曾经不可一世的董事长，最后到底会是什么下场？

即便年轻的老总并不总是暴躁没修养。但无论如何，年轻的老总，会让年长的属下看不到希望。老总都这么年轻，你的前途在哪里呢？很显然，年轻老总只会提拔更年轻的属下当接班人，不会选一个比他年长的当接班人。你见过三十岁的老总培养五十岁的接班人吗？连当接班人的可能性都没有，犯得着拼老命吗？

项羽的属下，黥布反戈了。龙且、钟离昧，估计也是与项羽年龄差不多的小年轻，没赶上政治上的成熟期。也许，永远都不会成熟。

中国文化中存在极重的“老人政治”色彩。不到六十岁，不可能当老总。可是有更好的办法么？如果老总不是六十岁，而是四十岁，他怎么去管四十岁到六十岁的副总和部门经理？四十岁的老总，怎么去教六十岁的属下做事？四十岁的老总，怎么好意思开口训六十岁的属下？不去教，不去训，这工作怎么做？

历史上也常常有年轻皇帝、年长大臣的权力结构。每当这时候，政局就会变得格外凶险。

存在即合理。

三十岁之前，做事的次序感、分寸感还不够。不该做的一不小心就做了，可以晚点做的匆匆忙做早了；该柔的时候身段放得不够低，该狠的时候又狠得不够利索。什么叫章法？做事的次序感、分寸感即是章法。

在万人瞩目的舞台上，章法只要差一点点，在台下，就会被无限放大。可以想象，项羽做的那些事情，在台下会被怎样议论：

“咋整的？咸阳都烧了，那么多好东西，哟，糟蹋了！”

“咋整的？把刘邦放了。不是说好要杀的吗。到手的肉都吃不到，猪脑子啊！”

“咋整的？要活煮了太公啊。打不过人家，煮他爹有啥用呢？造孽啊！”

“咋整的？听说范老爷子被气死了，还有谁谁谁也跑人家那儿去了。怎么人都一拨拨往外走啊，这不是树倒猢狲散的架势吗？咱也收拾好行李，瞅机会溜吧！”

老总太年轻，属下有压力。

老总太专横，属下要走人。

老总没章法，属下看笑话。

历史没有给项羽成熟的机会。都怪他叔项梁，挂得太早了，把项羽扶上马送一程，熬个十年八年再挂，会死啊？

刘邦洒落胜项羽，智谋胜韩信

一、刘为尧后定属伪托，赤帝子斩白帝子或源于当时传说

王莽鼓吹“刘为尧后”，太史公未言之，足见其说为伪——太史公作史最重世系，刘为尧后此事甚大，太史公不容不知。但不能因此怀疑“赤帝子斩白帝子”也是后人伪托。刘歆就是有天大的本事，也不能篡改诸书，即便改了，也不可能流传。古代帝王的神异之事，或是实事之夸大，或者纯属子虚乌有，在文教未普及、民风较蒙昧的秦汉之际，本属寻常。

赤帝，即是炎帝；白帝，即是少昊。秦之远祖传说是东夷族的少昊帝，故秦祀白帝，赤帝子斩了白帝子，暗示着炎帝之后灭了少昊帝的后人。但刘邦不是炎帝的后人啊？所以《高祖本纪》开头有一段：“是时雷电晦冥，太公往视，则见蛟龙于其上。已而有身，遂产高祖。”这蛟龙即是赤帝。这样刘邦就成了赤帝子，灭了少昊氏的后人（秦），是老百姓可以信任的真命天子。

二、项羽貌似豪健而实拘忌，刘邦貌似老弱而实潇洒

项羽貌似豪健，而实不能容物，吝于封爵。事实上他不信任任何人。陈平说："项王不能信人，其所任爱，非诸项即妻之昆弟，虽有奇士不能用。"（《陈丞相世家》）对此王夫之评论说："羽，以诈兴者也；事怀王而弑之，属宋义而戕之，汉高入关而抑之，田荣之众来附而斩艾掠夺之。积忮害者，以己度人而疑人之忮己。轻残杀者，大怨在侧而怨不可狎。"（《读通鉴论》卷二）刘邦貌似老弱，时有无赖之举，但于大节却坦坦荡荡，不忘恩于主，不背信于臣。"分我一杯羹"之言，弃诸子于车下之举，虽无情而实不得已。为天下者不顾家，终于能保全其家，太公、诸子终于保全，弃而活之，岂非天乎！

三、汉王二擒韩信，其智过韩信远矣

韩信多智善谋，却非忠勇之士。郦食其奉汉王诏说齐，韩信欲建其功，不顾郦食之死而攻之；既平齐，挟其功自封其王，其跋扈之心可见；钟离眛投之不见容，死前骂信曰："公非长者。"樊哙以礼待信，信乃笑曰"生乃与哙等为伍"，其不能容物如此。天下既定，诸将论功，以萧何为第一，曹参为次，留侯韩信等再次之，韩信之不满久矣，故徘徊于蒯通之计，伺机而发。高祖两擒韩信，其智过韩信远矣。太史公评韩信曰，"假令韩信学道谦让，不伐己功，不矜其能，则庶几哉"，"不务出此，而天下已集，乃谋畔逆，夷灭宗族，不亦宜乎"！故韩信之亡，亡于跋扈

之心；高祖之兴，兴于豁如之意。机智诈谋不足道，胸襟器量才关乎成败之机。

四、“太史公曰”意在讥刺高、武

太史公对高祖，无一字评语，却论及夏商周之代变：“夏之政忠。忠之敝，小人以野，故殷人承之以敬。敬之敝，小人以鬼，故周人承之以文。文之以敝，小人以僿，故救僿莫若以忠。三王之道若循环。”（《高祖本纪》）夏人淳朴忠厚，流于粗陋；殷人敬天事鬼，流于虚诞；周人文教彬彬，流于巧诈。太史公认为：周之后，应以忠矫之。而秦却“反酷刑法”，岂不谬乎？汉之兴，本当矫秦之暴，而还于忠朴，但汉高祖不拒宫室之壮丽，汉武帝好大喜功、踵事增华，太史公于论中实含讥刺。汉诸帝中，太史公独扬文、景而抑高、武，盖有以也。

女主常有惊世之举

一、韩信、彭越“反形已具”，杀之不冤；吕后能擒之，是女中豪杰

韩信、彭越为汉功臣，但二将皆野心勃勃之辈，不甘于将相，而欲裂土封侯；封侯之不足，欲南面王。何以知之？汉未定，韩信欲自封齐王，汉定，自以功高，耻与樊哙等为伍，知其不甘为人下者。昔时彭越不急于起兵，曰，“两龙方斗，且待之”，其自视如何可知也；汉楚相争，汉败，“使使召彭越并力击楚”，彭越推托道：“魏地初定，尚畏楚，未可去。”此时尚有渔利之意，其心可知也。汉初，封梁王，“九年，十年，皆来朝长安”，十年秋，陈豨反，高帝征兵梁王，梁王称病不出，又欲观高帝与陈豨之斗，坐收其利。（以上见《史记·魏豹彭越列传》）故高帝怒责而擒之，贬为庶人，吕后又落井下石，终置彭于死地，此固狡诈残忍，然为汉江山计，不可谓非斩草除根之良策。

二、吕太后智有余而仁不足

高帝晚年，宠戚夫人，欲以赵王如意代太子。吕后急，求教

于张良，张良告之礼请商山四皓相佐，太子安。戚夫人内不礼功臣，外不延奇士，仅以色事汉王，终无能为。太子安则赵王危，吕后得志而戚氏必死，而戚氏不速死者，犹存幻想，其不智如此，焉能与吕太后为敌？故吕后之智，高于戚氏远矣。既得天下，为太后，流放戚夫人、赵王可矣，又必欲速酖赵王，制戚夫人为人彘，以此为“杰作”，请惠帝观之，惠帝终不堪其毒酷，纵颓而死。吕后欲害人，终致害己（子），天下之不仁者，谁能逃过害人害己的结局呢？

三、吕太后遍封诸吕，终致灭门之祸

惠帝既死，吕氏一不做，二不休，威逼功臣，遍封诸吕。开国之初，功臣争功邀荣，不得者犹有怨言，诸吕无寸功而致王侯，舆情汹汹可知矣。故吕后死，诸吕即被屠戮，群臣恨之久矣。使吕氏不封诸吕，犹能赖吕氏之力，安享荣宠。人之贪者，不知己所欲者人亦欲之。名器重宝，无德者焉能居之？

四、女主为政，多有惊世骇俗之举

女主为政，多有惊世骇俗之举，吕后发明人彘，武后屠戮亲子，慈禧佞佛而不仁，江青好文艺而行惨毒。盖政治本天下人之事，必有“天下”之观念而后能为之。女主为政，向乏“天下”之观念，爱之欲其生，恨之欲其死，其作为全以个人好恶为中心。试问：杀戚氏足矣，何必人彘？（只为发泄毒恨之情）擅政足矣，何必以周代唐？（无端政变，于天下何益？）以自我为中心而不以天下为念，以好恶为中心而不能以理智节制其行为，宜乎其为后世诟病也。

孝文仁而不愚、生死通达

一、薄姬卑而不贱，孝文仁而不愚

薄姬本是魏王豹之妾，豹死，输于织室。高祖幸而有身，生文帝，封于代。诸吕除，陈平、周勃迎立代王，代王报太后，“计犹豫未定”。事实上代王为高帝诸子中地位最卑微者，不敢相信自己会有天子之命。薄姬与刘恒反复卜筮计议之，方惴惴入长安。处卑者性柔，能体民情，薄姬为贤太后，孝文能成帝业，盖因出身卑贱故也。

二、文帝生死通达

“七年六月己亥，帝崩于未央宫。遗诏曰：朕闻，盖天下万物之萌生，靡不有死。死者天地之理，物之自然者，奚可甚哀。当今之时，世咸嘉生而恶死，厚葬以破业，重服以伤生，吾甚不取。（中略）今乃幸以天年得复供养于高庙，朕之不明与嘉之，其奚哀悲之有。”（《汉书·文帝纪》）能勘破生死，生不奢靡，死务节俭，这种见识、作风在古代帝王中实属罕见，难怪司马迁与班固都予以很高评价。太史公曰：孔子言“善人之治国百年，亦可以胜残去杀”（《论语·子路》），诚哉是言！汉兴，至孝文四十有余载，德至盛也。班固《汉书》云：“孝文皇帝身衣弋绨，所幸慎夫人衣不曳地，帷帐无文绣以示敦朴，为天下先。治霸陵，皆瓦器，不得以金银铜锡为饰，因其山，不起坟。（中略）呜呼，仁哉！”班固与太史公论史，往往意见相左，但对汉文帝的评价高度一致。看来汉文帝真是一位接近完美的皇帝了。

三、不用贾谊并非汉文过错

我很怀疑李商隐的《贾生》诗“可怜夜半虚前席，不问苍生问鬼神”真有点太冤枉了汉文帝，虽然虚前席的典故出自《史记·屈原贾生列传》，我也不敢尽信。汉文帝生死通达，他对于鬼神之事应不会太迷信，贾谊并非方士，不是鬼神方面的专家，何至于把汉文说得“虚前席”呢。况且，纵然是问了鬼神，但汉文帝也不是不问苍生啊！

汉文帝不用贾谊，一方面是因为贾谊急躁冒进的改革措施，与休养生息的主旋律不合。贾谊是典型的儒生，渴望马上复兴儒家礼乐文教，这在汉初经济凋敝的情况下是难以实现的。贾谊与晁错一样，主张削藩，文帝却主张宽待诸王。削藩无疑引发巨大的社会动荡，这对民生极为不利；另一方面，贾谊当时才三十多岁，汉文帝虽然欣赏他，但也不敢遽尔提升至公卿之位。因为汉文帝本是周勃、陈平扶起来的皇帝，根基并不扎实，大胆起用三十岁的贾谊，与这些开国重臣同台并列，必然招致疑忌。所以，委屈了一个贾谊，成全了文景之治，也是很无奈的事情。只怪贾谊早生了五十年，他若在汉武帝时出现，变法尊儒，哪还有董仲舒的份儿呢！

汉景帝用晁错是一生败笔

一、景帝诏书可为帝范

景帝循文帝之政，天下晏然，其为诏书，持论中正，恳切慈仁，可为帝范。《汉书·景帝纪》曰：

> 法令度量，所以禁暴止邪也。狱，人之大命，死者不可复生。吏或不奉法令，以货赂为市，朋党比周，以苛为察，以刻为明，令亡罪者失职，朕甚怜之。

又曰：

> 雕文刻镂，伤农事者也；锦绣纂组，害女红者也。农事伤则饥之本也，女红害则寒之原也。夫饥寒并至，而能无为非者寡矣。

又曰：

人不患其不知，患其为诈也；不患其不勇，患其为暴也；不患其不富，患其亡厌也。

又曰：

农，天下之本也。黄金珠玉，饥不可食，寒不可衣，以为币用，不识其终始。

二、晁错心机太重，景帝不宜用之，亦不宜杀之。

《史记》《汉书》皆曰，晁错峭直刻深。晁错虽从伏生学《尚书》，骨子里还是申商刑名那一套。他善用智谋，当时号称“智囊”。其论说有贵粟、劝农、强兵等，虽是正论但也并非新见。他最独到的见解是“削藩”，以为藩强则汉室危，不削藩则“天子不尊”“宗庙不安”，力主强化中央集权。这到底是防患于未然的远见，还是离间骨肉的躁进之举？我以为，当时诸藩未有危宗庙之举，削之不公；即欲削之，也要逐一下手，不能骤然“请诸侯之罪过，削其枝郡”。如果举诸侯中最嚣张的一家而削之，其谁不听？诸侯无罪而被削，削之又不以渐，致犯众怒，焉得不速死？景帝既贸然用之，迫于众怒而贸然杀之，天子威仪尽失矣。

三、《史记》《汉书》之评景帝迥异

司马迁以为:“变古乱常，不死则亡。”以为晁错擅自变法，致国家于危亡。对景帝重用晁错基本上是否定的，七国之乱是景帝一生的败笔。司马迁之时，去景帝不远，其论或代表当时人的共同意见。而《汉书》却以为晁错“锐于为国远虑”，并不予以否定，七国乱而被诛，解除了朝廷的隐患，重用晁错，不但不是景帝的过失，反而是他的功绩。因而班固论曰:“周云成康，汉言文景，美矣!”

后记

读《庄子·缮性》，至“以知养恬”“以恬养知”“知与恬交相养”，不禁废书而叹。今之学术生态，以项目、职称、奖项、论文为标的。学者动笔之前，先存此功利心，初心既已不纯，文章焉能传世？因自名曰“知恬斋”，凡读书作文，不以一己得失挂怀，拒名利而绝世俗，至于水平之高下，文笔之工拙，只好留待识者指正了。

涂波（知恬斋）

二零一九年一月十九日